KINZAI バリュー叢書

金融機関のガバナンス

東京大学公共政策大学院客員教授
天谷　知子［著］

一般社団法人金融財政事情研究会

推薦のことば

本書は、東京大学公共政策大学院で客員教授を務め、金融規制等を講義している著者が、その豊富な経験と知見に基づいて、金融機関のガバナンスを語った労作である。金融機関のガバナンスは昔からの大きな課題であるが、そのあり方を論じることは容易ではない。1997、1998年のアジア通貨・経済危機、そして2007年以降の世界金融危機など、危機が起きるたびに金融機関のガバナンスの不備が指摘されてきた。また、こうした大規模な危機とは無関係の個々の金融機関の破綻などについても、事が起きるとガバナンスの不備が指摘されてきた。それに応じて、各国において、ガバナンス改善のための金融規制の強化も種々試みられてきた。それでいて、金融機関の破綻や不祥事がなくなったわけではなく、金融機関のガバナンスのあり方は永遠の難問である。

本書では、金融機関のガバナンスについて、多くの著名な具体的な失敗例が丁寧に紹介され、金融機関の意義や金融規制の目的をもふまえて、リスク管理や内部統制などのガバナンスに関連する課題とともに、ガバナンスの実際と課題とがわかりやすく整理して述べられている。古くベアリングズ社の破綻や大和銀行ニューヨーク支店事件から始めて、具体例を豊富に紹介しながら、何が問題なのか、何が行われてきたのか、どうしたらよいのかについて、著者の鋭い視点で迫ろうとしている。ガバナンスは失敗を通じてのみ学べるものであり、ガバナンスとは結局のところいかに失敗を小さくするかであるという著者の指摘は、著者らしい鋭い洞察に基づくものであり、説得力がある。金融規制や金融機関のガバナンスに関心のある幅広い層の読者の方々に本書をお薦めしたい。

東京大学大学院法学政治学研究科教授
神田　秀樹

■はじめに

私たちは、「A社はこう考えている」「B社はこう行動した」などと、あたかもA社、B社という生き物がいるかのような言い方を、ごく普通に行っている。しかしもちろん、A社も、B社も、実際には一人ひとりの人間の集まりにすぎない。

この本では、「ガバナンス」という言葉を、人間の集まりにすぎない組織が、「外部情報を取り入れる ⇒ それに基づき反応を決定する ⇒ それにあわせた行動を行う」というプロセスを、あたかも一つの生物であるかのように円滑に行えるようにすることを指すものとして使う。

内部統制、コーポレート・ガバナンスといわれている分野・制度と重なる部分も多い。しかし、これらの言葉はそれぞれ特有の意味合いをもつこともあるので、あえて「ガバナンス」という漠然とした言葉を使うこととする。

人間の体の各部位から情報が脳に伝わり、そしてまた脳からの指令により各筋肉が動いて体を動かす、当たり前のように行っていることである。しかし、時折テレビの特集などで、その仕組みが紹介されているのをみると、何十兆という数の細胞の集合体が一人の人間として動いている人体の神秘を感じずにはいられない。

人間の集合体である組織はそうはいかない。後からみると、あるいは、はたからみると、「え？」と思うようなガバナンスの失敗が、古今東西後を絶たないのは当然といえば当然のことであろう。

もちろん逆に、ガバナンスに成功すれば高い成果があげられるはずである。実際、ガバナンスの失敗例と同じように多くの成功例もあるはずである。しかし、残念ながら、失敗例については、調査委員会報告等の分析があるが、成功例についてはなかなかこうしたものはない。

物事は「うまくいって当たり前」というところがあるので、いかにうまく問題を避けたかなどということは分析・報告されることなどそうそうない。「経営者の果断が会社を繁栄に導いた」という成功談があったとしても、その果断は、経営者が天才だったゆえなのか？　それとも単なるまぐれ当たり・幸運にすぎなかったのか？　あるいは、実は、日頃から現場の情報がよく経営者の耳にはいっていたからこそ的確な判断ができたし、また現場もそれを確実に実行に移せた——すなわち強固なガバナンスの賜物なのか？　までは、なかなか分析されていない。

というわけで、本書では失敗を中心に、金融機関のガバナンスを語っていく。

なお、本書のなかでは、事例として、破綻等の重大な問題を引き起こした主として欧米の金融機関に関する各種の調査報告書等に基づくもののほかに、いくつか日本の金融検査事例集からの抜粋を掲載している。しかし、一般に背景や事実関係を具体的に示したうえで分析がなされている各種調査報告書と異なり、金融検査事例集では具体的な事実関係等は示されていない。本書では、検査結果の記述から想像される事実関係を念頭に置いて記述しているが、あくまで想像なので、あるいは、当該事例をめぐる実際の事情はまったく異なるものであったのかもしれないのでお含みおきいただきたい。

目　次

第1章
金融機関とガバナンス

第2章
金融リスク管理

第3章
ガバナンスの関連分野

第4章
ガバナンス失敗の背景

第5章
ガバナンスの失敗は防げるか

第1章 金融機関とガバナンス

1 注目されたきっかけ
1995年　ベアリングズの破綻

(1) ベアリングズ破綻の経緯

1995年２月、英国の名門マーチャント・バンクのベアリングズが、シンガポールに勤務する一人の職員が行っていた権限外の取引（主として日本株・日本国債のデリバティブ取引）による損失によって破綻に追い込まれた。ベアリングズの本部がこの職員の取引に不審を抱き始めてから、損失規模が明らかになり破綻するまで１カ月ほどの急展開であった。しかも、とかく「不透明性」や「複雑な取引による特殊なリスク」が話題となる店頭デリバティブではなく、シンプルで透明性の高い取引所取引が使われていた。この事件は、金融機関のガバナンスの重要性とむずかしさを世界中に否応なく見せつけることとなった。

まずは、この事件を振り返ってみよう[1]。

問題の職員ニック・リーソンは1992年ロンドンからシンガポールの拠点に赴任した。リーソンはロンドンでは取引の事

1　ベアリングズに関する記述は、Bank of England “Report of the Board of Banking Supervision Inquiry into the Circumstances of the Collapse of Barings” (1995) による

務処理を行うバック・オフィス業務を行っていたが、シンガポールでは、シンガポール国際金融取引所（SIMEX）での取引資格を取得し、ジェネラル・マネージャー兼ヘッド・トレーダーとして、バック・オフィス業務を率いるとともに、SIMEX、大阪証券取引所（大証）、東京証券取引所（東証）における日本株や日本国債のデリバティブを中心に自らも取引を行っていた。とはいっても、シンガポール拠点におけるベアリングズの取引は、顧客のための取引および他のベアリングズの拠点のための取引が中心であり、自己の勘定での取引はきわめて限定的なものとされていた。具体的にいうと、リーソンは、日中の取引時間中に一時的にオープンポジションをもつことは認められていたが、ポジションを翌日に持ち越す（オーバーナイトのポジションをもつ）ことは認められていなかった。

こうした制約のもとにありながら、リーソンは自己勘定の取引で高い収益をあげていた（正確にいえば、「社内の報告上は高い収益をあげていることになっていた」）。この高い収益は、「スイッチング取引」によるものと説明されていた。たとえば、日経225先物はSIMEXと大証の両方で取引されている。当然のことながら両取引所での値動きは基本的には一致しているが、それぞれの取引所の参加者や取引方法の違いにより一時的に価格差が生じることがある。「スイッチング取引」とは、価格差が広がった時に、割安となった市場で買いを、割高となった市場で売りを入れ、価格差が狭まった時に反対取引を行う一種の裁定取引のことをいう。リーソンは、この方法によって、リスクをほとんどとらずに大きな収益をあげていると説明していた。

しかし、これは真っ赤な嘘であった。リーソンは、本来認められていないオーバーナイトのポジションをもち、そして損失を出していた。彼は、1992年シンガポールに着任して間もなく「88888」という隠し口座を開設し、この口座でポジションをとり損失を累積させていった。損失は、1994年末には２億800万ポンドに達していた。

そして、1995年１月、阪神・淡路大震災後の日本株・国債の大きな値動きのなかで損失は急拡大し、多額の証拠金が必要となったことなどから、権限外の取引による損失の存在が発覚、同年２月27日ベアリングズは破綻した。破綻時には「88888」の損失は８億3,000万ポンドまでふくらんでいた。

⑵　チェック＆バランス（バックとフロントの分離）

この事件で最も「悪い」のは、権限外の取引を行いその損失を隠し続けたリーソンであることはいうまでもない。一方で、そのような行為が２年半にわたり見過ごされてきたのはなぜであろうか。直接的な要因としてまずあげられるのは、シンガポールにおけるリーソンの取引をチェックする機能が存在しなかったことである。

ある程度の規模の拠点であれば、取引を行う「フロント・オフィス」と取引の記帳・決済等の事務処理を行う「バック・オフィス」は分離しているのが通常である。こうした環境のもとでは、トレーダーが権限外の取引を行ったり、損失の発生している取引を隠そうとしたりしても、バック・オフィスの担当者が取引相手方からの書類と照合等をする時点で発覚する。ベアリングズも主要な拠点においてはこうした体制をとっていた。

しかしながら、シンガポールでは、バック・オフィス業務についてもジェネラル・マネージャーであるリーソンの指揮下に置かれ、バック・オフィス業務に従事する職員の経験が比較的浅かったこともあり、リーソンが指示するままに事務が処理されていた。こうして、2年半にわたる隠蔽・偽装が可能となっていた。

(3) 内部監査

1994年夏、ベアリングズの内部監査部門はシンガポール拠点の実地監査を行った。これに先立ち監査グループはロンドンにおいて関連部署へのヒアリングを行ったが、その際には財務部門や先物・オプション決済部門の責任者から、リーソンへの権限の集中について懸念を抱いていることが告げられている。

こうした点もふまえ、シンガポール拠点の実地監査では、管理体制の適切性について以下のように述べている。

「BFS（ベアリング・フューチャーズ・シンガポール）の個別のシステムや業務に関するコントロールは満足できる水準にある。しかしながら、こうしたコントロールがジェネラル・マネージャーによって覆されうるという重大な一般的リスクが存在している。彼は、フロントとバック両オフィスの主たる管理者となっているため、グループ（筆者注：ベアリングズのこと）の勘定による取引を自ら行い、かつ、決済や記帳が自分の指示どおりに行われるようにすることができるのである」

そして、バック・オフィス業務をリーソンの管理権限下から外すことや、リスク・コンプライアンス・オフィサーを置くことを勧告した。

こうした勧告に、シンガポール側は当初相当抵抗したが、最終的には、バック・オフィス業務を直ちに他の者の管理下に移す、また、香港駐在のリスク・マネージャーがシンガポールの業務についても所管するとの回答を行った。しかしながら、これらは実施されることはなく、また、本部による実施状況のフォローアップも行われなかった。

また、シンガポール拠点に対する内部監査はあらかじめ設定された特定の事項についてのレビューという形式をとっており、記録帳票の細部にわたる実地の現物検証を行うものではなかった。そのため、リーソンが「88888」口座を設けて権限外の取引を行っていることが発覚することはなかった。

(4) レポーティングライン

リーソンへの権限の集中への懸念が抱かれ、また内部監査でも勧告がなされていたにもかかわらず、体制の変更が行われず、また、リーソンの行っている業務についての監視・監督もなされなかった背景には、リーソンの行うシンガポールにおける業務が、ベアリングズのグローバルな業務管理の隙間に落ちていたことがあげられる。

グローバルに業務を展開する金融機関では、「商品・業務別」と「地域別」の２種類のレポーティングラインによって業務を監督する「マトリックス型」の経営がとられることが多い。ベアリングズでも1992年からこの形態を採用していた。シンガポールにおいてリーソンが行っていた日本株・国債のデリバティブ取引についていえば、商品・業務面ではFPG（フィナンシャル・プロダクト・グループ）による収益やリスクの状況の監督を受け、一方現地における業務の適切な執行についてはシンガポール拠点およびアジア地域の統括管理者による監督を受けることとされていた。こうした環境のもと、FPGは、リーソンの行うスイッチング取引についての監督責任は負っていたが、行っていない（はずの）自己ポジションによる取引について監督責任を負うという認識はなかった。一方で、現地の管理者の関心は現物の証券取引部門に集中しており、デリバティブ取引の内容面にわたって自らが監督するという認識はなかった。

このようにして、リーソンの行う取引は、ベアリングズの業務監督の隙間に落ちたような状況にあり、しかも、周囲からは彼は高い収益をあげているスター・トレーダーとみられていたため自由に振る舞うことができた。こうした背景のもと、先に述べたように、内部監査の勧告についても実施されず、また1995年１月にはいりリーソンが抱えるポジションが拡大し、市場の噂となったりSIMEXからの照会文書が届いたりするような状況になっても、誰もこれらを真剣に取り上げ調査しようとしなかったのである。

(5) 見過ごされたサイン

隠し口座「88888」は大きな損失を抱えていたので、SIMEXに対して証拠金を差し入れる必要があった。リーソンはこの資金をロンドンにあるベアリングズの資金部門に要請し、資金部門からは要請の内容を精査することなくシンガポールに資金が提供された。破綻時には、リーソンの要請によって提供された資金の残高は３億ポンドに達していた。

リーソンが行うことが認められているスイッチング取引では、多額の証拠金が必要となることはない。したがって、この資金は、顧客の勘定のためのものということになるのであるが、ロンドンでは、どの顧客のためのものなのかといった具体的な情報は提供されず個別の顧客の取引と送金要請の照合ができないまま、顧客への貸付という名目で、シンガポールに送金をしていた。さすがに、1993年末までには、ロンドンでは、内容が不明なままにシンガポールに資金を提供することに大きな懸念を抱くに至っていた。しかし、具体的な対応はとられなかった。もし、顧客のための証拠金の立替払いが相当額にのぼっているのであれば、ベアリングズにとって信用リスク管理の観点からも重大な問題であるが、その点の精査も行われなかった。

こうして、リーソンは、あたかも牛から牛乳を搾るかのように、自由に潤沢に、ロンドンから資金を引き出し、「88888」口座の取引を継続できた。

(6) ビジネスへの無関心

リーソンの行うスイッチング取引は、表向ききわめて高い収益をあげていた。1994年にリーソンがスイッチング取引からあげた収入は、少なくとも2,850万ポンドに達していた（このおかげで同年のベアリングズのストラクチャード・プロダクト部門は1,750万ポンドの計画に対し、5,290万ポンドの収入をあげることができた)。

このような高い収益は、経営陣を驚かせ注目を集めた。しかも、それは、ほとんどリスクをとらずにあげられているというのであるが、いかにしてそのようなことが可能なのか、当然のことながら、経営陣はもちろんのことリーソンの取引の監督にあたっているはずの誰も理解できていなかった。そして理解できないまま放置していた。

2 相次ぐ類似事件

(1) 大和銀行ニューヨーク支店事件

トレーダーの権限外の取引と隠蔽工作による損失事件は、その後も発生している。

代表的な例の一つが、ベアリングズ事件と同じ1995年に発覚した大和銀行ニューヨーク支店事件である。大和銀行ニューヨーク支店の行員井口俊英は、他の機関投資家が保有する米国証券を保護預りするカストディアン業務、証券売買のバック・オフィス業務、自己の勘定で行う米国債売買取引を行っていた。そして、米国債売買取引において自らに与えられた権限を超える取引を行い巨大な（約11億ドル）損失を隠蔽していた。権限外の取引による損失とその隠蔽工作は10年以上にわたっていた。

取引対象となった商品が、現物かデリバティブかという点ではベアリングズの事件と異なるが、フロント・オフィスとバック・オフィスの双方を井口が所管していたことが、不正を可能とする直接的かつ最大の要因となったことは、ベアリングズの事件と共通している。

ベアリングズ事件では、証拠金に充てるためにリーソンはロンドンから資金を引き出す必要があった。井口は、カストディアン業務も自分で担当していたため保護預りしている顧客の資産等を売却することにより決済・支払に充てることができた。この面では、井口にはリーソン以上に権限が集中しており、損失を隠蔽するには「都合の良い」状況に置かれていたということがいえよう（逆にいえば、不正を誘発するきわめて危うい状況が放置されていた)。

そして、表面上は井口は高い利益をあげていると報告しており、銀行の幹部は、具体的にどのような取引手法で利益をあげているのか理解しないまま、井口のことをコンスタントに良い成績をあげるスター・トレーダーであると考えていたことは、リーソンの場合と同様である。

⑵　さらに続く事件

このような事件の続発により、トレーダーによる権限外の行為や損失隠蔽行為が経営に大きな影響を与えかねないことが強く意識された。そして、各金融機関では、最大の要因となったバック・オフィスとフロント・オフィスの分離の徹底や、内部監査の充実などに注力した。とりわけ、その後、事務処理のIT化が進み多くの帳票が電子的に記録・処理されるようになると、システムへのアクセス権限の設定やアクセス記録の保存による管理が行われるようになり、かつて行われたような「帳票をコピーし改竄してファイルに戻す」などということは不可能となった。

こうして、さすがに最近では、トレーダーが権限外の取引を行ったり損失を隠蔽したりして、経営に大きな損失を与える単純な事例は生じなくなった……のかと思いきや、2008年にはフランスの銀行ソシエテ・ジェネラルにおいて、2011年にはスイスの銀行UBSにおいて、どちらも株式関連のデリバティブのトレーダーによる巨額の権限外取引・損失隠蔽事件が発覚した。

先にあげたベアリングズや大和銀行の事件は、本部から離れた海外拠点において、当該銀行にとってはマイナーな取引を一人で仕切っている職員――いかにも業務の監視の盲点になってしまいそうな立場にある職員によって行われた。一方、ソシエテ・ジェネラルやUBSの事件はそれぞれの銀行におけるトレーディング業務の中心地において、株式関連取引を行う部署の一員であるトレーダー、それも比較的ジュニアな立場にあるトレーダーが起こした事件である。部署の上司も明確であるし、バック・オフィスとフロント・オフィスは分離され、各種管理部署からのチェックもはいっていた。にもかかわらずこのような事件が続いていることは、この手のトレーダーの不正を防ぐことの困難さをあらためて見せつけるものである。

コラム

ソシエテ・ジェネラル事件とUBS事件

ソシエテ・ジェネラルやUBSにおいて事件を引き起こしたのは、比較的ジュニアな立場にあるトレーダーであり上司の監視下にあった。また、バック・オフィスはフロント・オフィスとは分離され、リスク管理部門などの各種管理部署からのチェックもはいっているうえ、取引に特異な点がみられる場合にはシステム上警告が表示される仕組みなども導入されていた。にもかかわらず、トレーダーによる巨額の不正事件が発生したのはなぜだろうか。

どちらの事件においても、不正を行ったトレーダーは、与えられた権限内で取引を行っているかのように装うため、実際にとっているポジションと反対のポジションを構成する架空の取引を社内システムに入力し、ポジションを小さくみせかけていた。もちろん、バック・オフィスで取引の事務処理や照合を行えば、実際にはそのような取引は行われていないことは露顕してしまう。問題のトレーダーたちは、社内手続上直ちに処理されない種類の取引（たとえば先日付スタートの取引）を架空取引として用い、その後、バック・オフィスにおいて事務処理を行う期日がくる前に当該取引をキャンセルすることを繰り返すことにより発覚を免れていた。取引の属性によって、社内のシステムに入力・照合・処理されるタイミングにずれがあることを活用して、巧みに偽装工作を行っていたのである。

それでも、いったんシステムに入力された取引のキャンセルが極端に多いなどのさまざまな異常のサインは発生していたし、システム上警告が表示されたこともあった。しかし、直属の上司にトレーダーの経験がなかったり（ソシエテ・ジェネラル）、組織編成替えの過渡期であったり（UBS）したため上司による十分なフォローアップがなされなかったことや、バック・オフィス等のスタッフは自らの役割として正確・迅速な業務執行によりトレーダーを支えることばかりを重視し、チェック＆バランスにより不正を防止するという役割も担っているという意識が薄かったことにより、不正の発見が遅れた。

一見、不正防止のために綿密な監視が行われているようであっても、その仕組みを熟知している者が不正を行おうとすればその隙をつくことは可能であり、また、監視にあたる者に積極的に問題点を追究する姿勢がなければ不正の兆候は見逃されてしまうわけである。

3 ガバナンスに関する議論と教訓

本書で引用したものをはじめとする1990年代の相次ぐ損失事例は金融機関のガバナンスへの関心を高め、関連するガイダンスも多い。トレーダーによる業務の拡大、とりわけデリバティブのトレーディングの拡大は、先にあげている事件のような不正を伴わなくとも、それまで想定しなかったような不測の（突然の）大きな損失を金融機関にもたらしうるようになっていた。そこで、この頃、金融機関のリスク管理に関するガイダンスが、監督当局からも業界団体からも次々発表されたが、そのなかでも、ガバナンスは大きな要素となった。また、金融機関ではない一般企業における不祥事の発生から、企業一般に関するコーポレート・ガバナンスや内部統制に関する議論もさかんに行われていた。

ここでは、当時発表されたガイダンスやレポートのうち、特に銀行のガバナンスに焦点を合わせている文書であるバーゼル銀行監督委員会の「内部統制システムの評価のための枠組み」（1998年）をとりあげる。この文書は、監督当局が銀行の内部統制システムを評価するために利用することを意図した14の原則を提示している（資料１－１）。

ただし、これだけでは無味乾燥であるので、この原則の参考としてつけられている「内部統制についての監督上の教訓」の部分の内容を簡単に紹介しよう。ここでは当時相次いでいたガバナンスの失敗事例から、「経営による監視とコントロール・カルチャー」「リスク評価」「コントロール活動」「情報とコミュニケーション」「モニタリング」の5つの切り口に分けて教訓を導き出している（後述するCOSO「内部統制フレームワーク」における分類をほぼ踏襲している）。

a　経営による監視とコントロール・カルチャー

「コントロール・カルチャー」という言葉——日本語で「統制の文化」と置き換えてもわかりにくいので英語をそのままカタカナ表記にする——はどういう意味なのだろうか。あえて説明しようとすれば、「組織の個々の構成員が、組織全体の統制の重要性をよく理解しその目的に沿った行動をとるような、組織風土」とでもいうのであろうか。

むしろ、「コントロール・カルチャーが弱体化する場合」として例示されているものをみることで、逆に「コントロール・カルチャー」の意味するところがみえてくるかもしれない。

弱いコントロール・カルチャーの一つの側面は、経営陣が、言葉や行動、とりわけ処遇を通じて内部統制が重要であるというメッセージを職員に発することができていないということである。内部統制の適切な実施や内部監査で指摘された事項の改善を怠っている管理職が、高い収益を実現しているからという理由で昇進したり高い給与を得たりするようでは、組織全体に、内部統制は二の次でいいという意識が広がるであろう。

もう一つの側面は、監督責任の所在が明らかとなるような組織構造がとられていないということである。各部署がどのような業務を行いどのように収益をあげているのかを経営陣が理解していれば、とっているはずのリスクのレベルとあげている収益のレベルの関係が不自然であるといった異常を示すサインに気がつき、その部署の業務を精査することにより、早い段階で問題に気がつくことができるであろう。しかし、経営陣のなかで誰がどの部署について監督責任を負うのかが明確になっていないと、誰もその部署が何をやっているのかよくわかっておらず、異常を示すサインは見過ごされ大きな損失を出すに至ってしまうのである。

b　リスク評価

適切なリスク評価がなされていなかったことが、内部統制の失敗と損失につながっていることもある。高い収益に気をとられてその背後にあるリスクに十分な注意が払われないという場合や、環境変化に応じたリスク評価方法の変更が行われなかった場合――たとえば、より複雑な商品を扱うようになったにもかかわらずそれに見合うコントロールがなされていなかったり、リスクに関する十分な検討がなされないまま新規業務に参入したりするケース――があげられている（金融機関のリスク管理をめぐる問題については、第２章であらためて取り上げる）。

c　コントロール活動

組織のコントロールのための基本事項のなかでも、役割や権限の分離は、しばしばおろそかにされて大きな損失につながっている。経営陣はしばしば、有能と思われていた特定個人に複数の相反する機能をもつ部署を担当させてしまう。すでにあげた、フロント・オフィスとバック・オフィスの兼務はこの典型例であるが、この文書ではほかにも兼務が問題となりうる業務の組合せとして、資金の支払の承認と実際の支払事務、顧客勘定取引と自己勘定取引、バンキング勘定とトレーディング勘定等をあげている。

役割や権限の分離は、業務に対していわば水平方向に、チェックが働くようにする工夫である。文書ではこれに加え、経営陣がさまざまな情報を的確に吟味しているか、いわば垂直方向のチェックについても触れている。

後になって大きな損失を出す部署においては、当初は、その部署がとっているリスクから想定されるレベルをはるかに上回るきわめて高い収益をあげていることが多い。この段階で、通常でない業績をあげることができている理由を分析していれば、その後の損失の多くは防げていただろう。しかしながら、一般に、業績目標の未達についてはその原因分析や対策の検討が熱心に行われるが、好業績の方向に実績がぶれるぶんには特に精査されることもなく放置されがちであり、経営陣が疑念を抱いた時には手遅れになってしまっているのである。

d　情報とコミュニケーション

情報の信頼度やコミュニケーションの有効性が欠けているために、損失につながる場合があることも指摘している。

情報の信頼度という面では、内部の財務情報が的確に報告されていなかったり、不正確な外部データを利用していたり、一部の規模は小さいけれどリスクの高い業務が経営陣への報告から抜け落ちていたりという事例があげられている。

コミュニケーションの有効性という面では、上から下へのコミュニケーションの問題、すなわち業務の運営方針や職員の責務について職員に的確に伝わっていないという問題と、下から上へのコミュニケーションの問題、すなわち何らかの不安や懸念を抱いた職員がいてもその情報が経営陣までなかなか伝わらないという問題があげられている。

e　モニタリング

適切なモニタリングがなされていなかった事例の類型についても説明している。

時には、現場レベルにおける日々の情報のチェックが不十分であることから問題が発生している。たとえば、架空の顧客勘定に損失が隠されていたような事例では、定期的に勘定の内容について、顧客と照合するような事務手続があれば問題が大きくなる前に発覚していたはずである。また、リスクが高くなっていることを示唆するような事象、たとえば、通常では考えられないような高い収益性や、本部から地理的に離れたところで行われている新規事業の急速な成長がみられていたにもかかわらず、そうしたリスクの高い業務のコントロールのためにリソースを割いていなかったという事例があることも指摘している。

実際のところ、リスクの高い業務を行う部署に対する監視が、はるかにリスクの低い業務に対する監視よりもむしろ緩く、当該部署に関する内部監査・外部監査の指摘も放置されていたという例もあるとされる。

本来、内部監査は、銀行のモニタリングが機能しているかどうかをチェックするために有効な手段であるはずであるが、問題が発生した銀行についてはさまざまな要因からこれが適切に機能していなかったことが指摘されている。

その要因の一つは、内部監査が特定地域・部署の特定業務といったかたちで絞り込んだ対象ごとに行われることである。このような方法では、内部監査にあたる職員は、ビジネス全体の流れをよく理解できないままに監査を行わざるをえず、また、業務の流れのどの段階でどういうコントロールが行われているかという視点での監査を行いにくい。

また、内部監査にあたる職員が対象分野についての十分な専門知識を持ち合わせていないこともある。そのような場合は、たとえ何か疑念を抱いても、その点を問い質さなかったり、監査対象部署の職員による説明を鵜呑みにしたりしがちとなる。

さらに、内部監査で指摘された問題点について経営陣が的確に対応しないことから、内部監査の有効性が削がれることもあげている。

資料1－1　「内部統制システムの評価のための枠組み」（バーゼル銀行監督委員会1998年）

A　取締役会・経営陣による監視とコントロール・カルチャー

1．取締役会

（原則1）取締役会は

①　戦略と基本方針を承認すること

②　銀行の抱えるリスクを理解し、受容可能なリスクのレベルを設定し、経営陣がリスクを認識、監視、コントロールするために必要な手続をとることを確保すること

③　組織構造について承認すること

④　経営陣が内部統制システムの有効性を監視することを確保すること

について責任を負う。

2．経営陣

（原則2）経営陣は、

①　取締役会で承認された戦略を実施すること

②　適切な内部統制方針を定めること

③　内部統制システムの有効性を監視すること

について責任を負う。

3．コントロール・カルチャー

（原則3）取締役会と経営陣は、

①　高い倫理観・高潔性を涵養すること

②　すべてのレベルの職員に対し内部統制の重要性を強調・明示するコントロール・カルチャーを組織内に醸成すること

について責任を負う。

すべてのレベルの銀行職員は、内部統制過程における自分の役割を理解しこれに十分関与しなければならない。

B　リスク評価

（原則４）経営陣は、銀行の目的達成を妨げうる内外の要因が認識・評価されることを確保しなければならない。この評価は銀行が直面する多様なリスク全てをカバーするものでなければならない（例えば、信用リスク、カントリー・リスク、トランスファー・リスク、市場リスク、金利リスク、流動性リスク、オペレーショナル・リスク、リーガル・リスク、レピュテーショナル・リスク）。

（原則５）経営陣は、銀行の戦略と目的達成を妨げうるリスクが常に評価されていることを確保しなければならない。内部統制は、新たなリスクやそれまでコントロールされていなかったリスクに的確に対応するために改訂する必要もあろう。

C　コントロール活動

（原則６）コントロール活動は、銀行の日常業務のなかに不可欠なものとしてとりこまれていなければならない。経営陣は、業務の各レベルにおけるコントロール活動を定め、有効な内部統制を確保する適切なコントロール体制を構築しなければならない。これには、トップレベルでの見直し、各部署における適切なコントロール活動、実物の管理、エクスポージャーの限度遵守についての定期的なチェック、承認・権限付与のシステム、検証・照合のシステムが含まれる。経営陣は、銀行活動の全てが、定められた方針や手続に則って進められていることを定期的に確認しなければならない。

（原則７）経営陣は、職責の分離が的確になされ職員が利益が相反する責任を負うことがないことを確保しなければならない。利益相反が生じうる分野については、これを特定し、最小限のものとし、かつ注意深く監視しなければならない。

D　情報とコミュニケーション

（原則８）経営陣は、適切で包括的な財務・事務・コンプライアンスにかかる内部データ、及び意思決定に関わる事象や状況についての外部の市場情報があることを確保しなければならない。情報は、信頼でき、タイムリーで、入手しやすく、かつ、整合性のある形式で提供されなければならない。

（原則９）経営陣は、効果的な意思伝達方法を確立し、全ての職員が、自分の職責にかかる方針や手続を十分に承知し、また、その他関連する情報が適切な職員に伝わるようにしなければならない。

（原則10）経営陣は、銀行の全業務をカバーする適切な情報システムを確保しなければならない。電子的にデータを保持・利用するものを含め、このシステムは安全かつ定期的にテストされなければならない。

E　モニタリング

（原則11）経営陣は、銀行の内部統制が全体として組織の目的の達成のために有効なものとなっているかを継続的に監視しなければならない。主要なリスクの監視は銀行の日常業務の一部であり、必要に応じ別途評価されなければならない。

（原則12）内部統制について、適切に訓練された能力のあるスタッフによる包括的な内部監査が行われなければならない。内部監査部門は、内部統制システムのモニタリングの一部として、直接、取締役会ないしその監査委員会、及び経営陣に報告しなければならない。

（原則13）内部統制の欠陥が判明した場合は、タイムリーに適切なレベルの管理者に報告され対応されなければならない。内部統制の重要な欠陥については、経営陣及び取締役会に報告されなければならない。

第2章 金融リスク管理

1 金融リスク管理の失敗

サブプライム・ローン・ビジネスにのめりこんだ金融機関

(1) なぜサブプライム・ローン・ビジネスにのめりこんだか

第1章では、職員による権限外の行為等の不正事件から話を始めたが、第2章では金融リスク管理を中心に取り上げる。

もちろん、職員の不正による損失のリスクもまた、金融機関が直面するリスクの一つである。そして、第3章の内部統制の項で取り上げるように、こうした職員による不正やミスも含め、事業に伴うリスクをいかに管理するかは、業種を問わず重要である。

しかし、リスクをとることがビジネス・モデルの根幹にある金融機関にとってのリスク管理は、それだけではすまない。リスクを管理すること、すなわち、外部環境・内部環境にあわせてどのようなリスクをどれだけとるかについて的確に方針を決定し確実にこれを実行することがビジネスそのものであるからである。

第1章でも触れたように、1990年代には各種の団体からリスク管理に関連したガイダンスが発表されているが、それらはたとえば以下のようなことを指摘している。

① 取締役会において当該金融機関の経営戦略等にあわせてリスク管理方針を決定し、またこれを適宜見直すこと。経営陣は適切なリスク管理手続が実施されていることを確保すること。

② 経営に必要な情報を処理する質の高い情報システムをもち、リスク管理部門における監視や分析に用いることはもとより、経営陣や取締役会へ的確に情報を提供すること。

③ 組織内におけるリスク管理手続やリスク・エクスポージャーに関する議論を活性化させること。

④ 新たな業務の開始にあたっては、それに伴うリスク、リスクの管理方法とその遂行に求められる人材等のリソースをよく検討すること。内部の管理が円滑に機能することが確認できるまでは急激に業務を拡大しないこと。

⑤ 収益部門から独立して、リスクの計測・評価やリスク限度枠の設定・監視等にあたるリスク管理部門をもつこと。

⑥ リスク管理手続が現在の環境下において適切かどうか評価し見直すべきこと。リスクの測定やリスク限度の設定に用いられる手法、モデル、前提の適切性について定期的に見直すこと。

このようにリスク管理に関する議論が従前よりなされていたにもかかわらず、米国のサブプライム・ローン問題に端を発した世界金融危機をめぐっては、金融機関のリスク管理、ガバナンスに問題があったといわれている。実際にどのような問題があったのだろうか。

ここで取り上げるのは、「金融危機を予測し、備えるようなガバナンスは可能だったか」ではない。そもそも住宅価格の上昇により担保価値があがることを当て込んで信用力の低い借り手に住宅ローンを貸していたサブプライム・ローンは、住宅価格があげ止まれば直ちに返済困難に陥ることは明らかである。後からみれば、どう考えても、長くは続かないであろう無理のあるこのビジネスに、米国だけでなく欧州の金融機関も含め多くの金融機関が、経営に重大な影響を与えるほどにのめりこんだのはなぜだったのだろう[2]。この点に注目して考える。

一つの説明は、「当時は住宅価格が下がるなどということは考えなかった」という説明である。後から振り返れば馬鹿馬鹿しくみえるかもしれないが、バブルの真っただ中にいる人はそれがバブルとは思わず永遠に続くと思っているものであるという説明、歴史的にみて米国で住宅価格は全国的にみれば常にあがり続けていたから住宅価格は当然あがり続けるものと思っていたという説明、どれももっともであるし、その要素は大きいのだろう。あるいは、「まだ大丈夫、もう少しいける」と思っていたのかもしれない。

しかし、それだけでは説明がつかないことも多い。2006年にはいると、米国の住宅価格の上昇は急速に鈍くなりこれにあわせてサブプライム・ローンの延滞率は上昇を始める。同年半ばには住宅価格は下落に転じ延滞率の上昇も顕著になる。こうした環境の変化に、それまで住宅価格の下落を念頭に置かずにサブプライム・ローン・ビジネスにのめりこんでいた金融機関は大慌てをすることになった……、かというとそう

2　サブプライム・ローンとその証券化についてなじみのない読者のために、以下、ごく簡単に説明しておく。

米国においては、特に2004～2006年、通常の住宅ローンの借入れができない信用力の低い世帯を対象とした住宅ローン（＝サブプライム・ローン）が急拡大した。従来米国では、サブプライム・ローンは住宅ローン市場全体の１割にも満たなかったが、この時期は２割程度に達している。

サブプライム・ローンは、当初２、３年はきわめて低い固定金利による金利の支払のみを行い、その後は変動金利により元利返済を行うといった特殊な商品設計（ARM）を利用して、きわめて信用力の低い債務者に向けても実行された。当初の２、３年が過ぎて弁済金額が跳ね上がれば、債務者は直ちに支払に窮する可能性が高いが、当時は住宅価格が上昇を続けていたため、借り換えたり、住宅を担保にさらに借入れを行ったりすることで支払不能に陥ることを回避できていた。

サブプライム・ローン債権は、ローンを実行した銀行や住宅ローン会社から投資銀行等に売却される。投資銀行等では、債権プールを裏付けとして支払順位の異なる証券化商品（ABS）を発行する（本文中のワシントン・ミューチュアルはローンを実行しこれを投資銀行等に売却する一方、一部については自ら証券化を行っている）。すなわち最優先して支払が行われ高い格付が得られるシニア・トランシェ（スーパーシニア・トランシェ）、次に支払がなされるもの、そして最も支払が劣後するエクイティ部分に至るまで何段階もの支払順位が異なるABSが発行された。この方法により、サブプライム・ローン債権から多くの高い格付のABSが生み出された。

さらに、ABSをプールしてこれを裏付けとして、支払順位の異なる証券化商品（CDO）が発行された（本文中の、UBS、RBSが行っていた業務はこの業務である）。

しかしながら、前述のとおりサブプライム・ローンの返済は住宅価格の上昇によって支えられる仕組みであったため、2006年中頃、住宅価格が下落に転じると、サブプライム・ローンの延滞率は急上昇し、サブプライム・ローンを証券化した商品の価格は大幅に下落し、その後の金融危機へとつながった。

でもない。

住宅市場の変調にもかかわらず何事もないかのようにサブプライム・ローン・ビジネスは続き、住宅価格が急速に上昇しサブプライム・ローンの延滞率がきわめて低かった2005年と比較しても遜色ない額のサブプライム・ローンが2006年にも実行された（資料２－１、２－２参照）。

2006年の半ば過ぎになって、サブプライム・ローン関連ビジネスの残高縮小に方針を転じた金融機関は、「勝ち組」といわれるJPモルガンやゴールドマン・サックスである。

2006年末から2007年にはいり、米国内の住宅ローン会社が破綻したり、英国の銀行HSBCが米国サブプライム・ローン関連の引当金による多額の損失の発生を発表したりするなど、サブプライム・ローン市場が問題に直面していることが明らかになり始めると、さすがに大きな懸念を抱き方針を転換する金融機関も増えてくる。一方で、2007年４月には業界第２位の住宅ローン会社ニューセンチュリーファイナンスが破綻するなど相当問題が表面化してもなお、明確な方針転換をしないままにいた金融機関もある。後にとりわけ大きな損失に苦しむこととなるのは、そうした金融機関である。とても「住宅価格はあがり続けると思っていたから」では説明がつかない。

これについて、「住宅ローンが証券化されていて、とりわけ証券化商品の証券化のような複雑なことが行われていたから、

資料2－1　米国住宅ローン延滞率と住宅価格

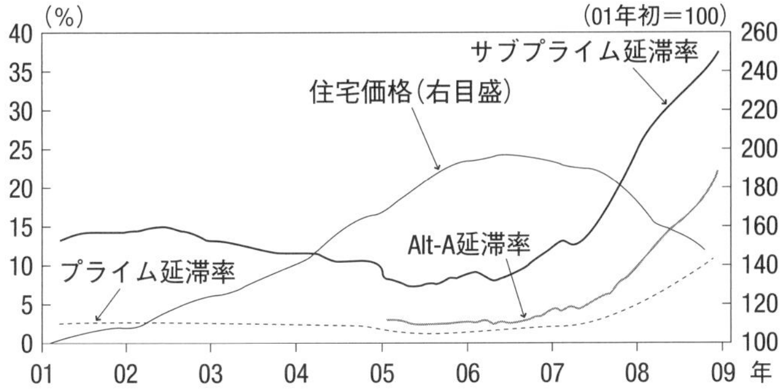

（注）　1．延滞率は、延滞期間30日以上の変動・固定金利型ローンが対象。
　　　　2．住宅価格はS&P/Case-Shiller指数（10大都市）。

（出所）　Bloomberg. S&P

（出典）　日本銀行「金融市場レポート」2009年1月

資料2－2　サブプライム・ローン実行額

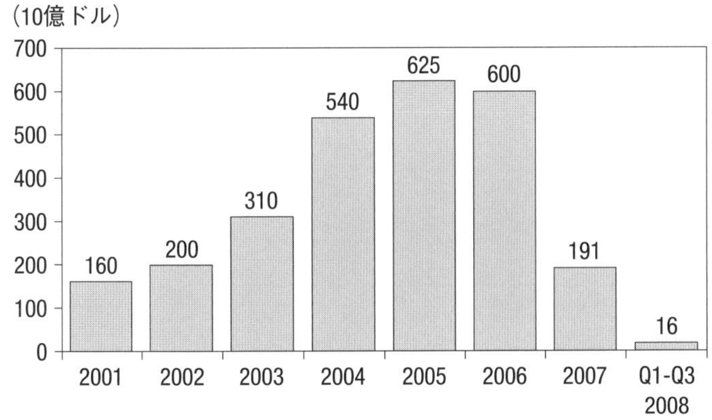

（出所）　Inside Mortgage Finance, Milken Institute.

（出典）　The Rise and Fall of the U. S. Mortgage and Credit Markets James R. Barth, 2009

資料2－3　サブプライムRMBS価格指数（ABX、HE）

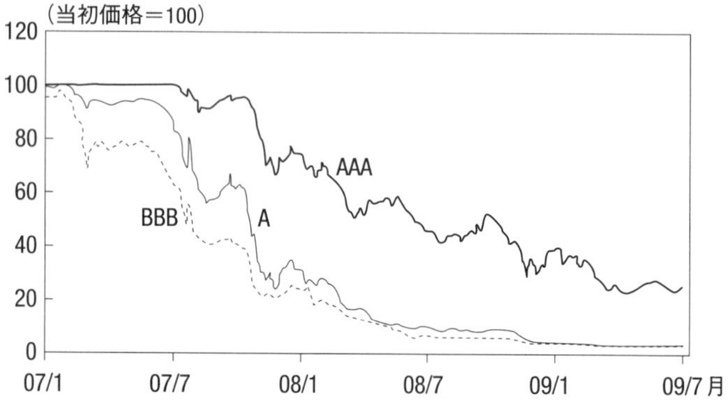

（出所）JPMorgan
（出典）日本銀行「金融市場レポート」2009年７月

証券化商品の投資家には実際にどういうリスクがあるのかわかっていなかったし十分な情報もなかった。だから、高い格付があれば大丈夫だと考え、住宅バブルの崩壊に注意を払っていなかった」という説明もある。

証券化商品への投資というかたちでのみサブプライム・ローン・ビジネスにかかわった金融機関その他の機関投資家についてはこうした説明が相当程度当てはまるだろう。しかし、大きな損失を出したのは、そうしたいわば末端の投資家だけではない。むしろ自らビジネスの中心にあって、証券化商品を組成していたような金融機関が甚大な損失を出している。彼らが、証券化商品の中身をわかっていなかったとは言いがたい。

(2) ワシントン・ミューチュアル、RBS、UBS の事例

以下、サブプライム・ローン・ビジネスにのめりこみ経営難に陥った金融機関のなかから、3つの例を取り上げて、なぜサブプライム・ローン・ビジネスにのめりこみ、なぜ他の金融機関より撤退が遅かったのかという切り口からみてみる。これらの金融機関がこの時期抱えていた問題や経営難に陥った要因は多岐にわたるが、ここでは、比較のため、サブプライム・ローン・ビジネスにのめりこみ、また、撤退が遅れた要因・背景に絞り込んで取り上げることとする[3]。

同時期の米国住宅ローン延滞率と住宅価格の推移、サブプライム・ローン実行額の推移、およびサブプライムRMBS価格指数の推移を掲載するので参考としていただきたい。

a ワシントン・ミューチュアル

ワシントン・ミューチュアルは、1890年に米国シアトルに

3 各金融機関に関する記載の主な出典は以下のとおりである。
ワシントン・ミューチュアル："Wall Street and the Financial Crisis Anatomy of a Financial Collapse" United States Senate Permanent Subcommittee on Investigations 2011
RBS："The failure of the Royal Bank of Scotland" Financial Services Authority Board Report 2011
UBS："Shareholder Report on UBS's Write-Downs" UBS2008
"Subprime Crisis: SFBC Investigation into the Causes of the Write-downs of UBS AG" Swiss Federal Banking Commission 2008

生まれた貯蓄金融機関（thrift）である。長年にわたり住宅ローンに特化した中規模の貯蓄金融機関であったが、1990年代以降合併により規模を拡大し全米６位の規模をもつ銀行となった。その後、業務の主軸をリスクの高い貸出に置くようになる。大量のサブプライム・ローンを実行し、これを、投資銀行に売却したり、自ら証券化商品を組成して売却したりすることにより、バランス・シートから外すということを基本的なビジネス・モデルとしていた。しかし、住宅価格の下落・延滞率の上昇という環境悪化とともに、実行したサブプライム・ローンの売却や証券化が困難となり、これを抱え込み大きな損失を出し2008年に破綻するに至った。

ワシントン・ミューチュアルは、2004年に、業務の主軸を従来型の住宅ローンからサブプライム・ローンをはじめとする高リスクの住宅ローンに移し始め、2005年初めには「高リスク貸出戦略」を取締役会で正式に決定している。この当時すでに、行内では、米国の住宅市場の過熱を懸念し将来のバブルの崩壊を想定していた。

2004年９月に、シニア・リスク・オフィサーのジム・ヴァナセック氏はスタッフ向けの文書のなかで以下のようなことを述べている。

「現在、住宅価格は個人所得の伸びをはるかに上回る上昇を続けており、いずれ上昇が鈍化し多分下落すらすることは確実である。住宅バブルを示す警告は数多く現れているが、いまのところ現実となっていないので無視をしがちなのである。……したがって、いまは(担保の)評価額を引き上げる時ではない。むしろ全体にもう少し保守的になるべきである」

こうした懸念は、CEOのケリー・キリンジャー氏も共有していた。2005年3月には、キリンジャー氏とヴァナセック氏の間で以下のようなメールのやりとりがなされている。

キリンジャー氏「われわれにとって、最も大きな困難は、住宅価格が上昇し、貸出審査基準の低下競争は激化するなかで、銀行のバランス・シートを成長させなければならないというこの時代をいかに乗り切るかということだろうと思っている。市場が、自分たちは特別で価格が下がることなんてないと思い込んでいる、こんなリスクの高い住宅市場はいままでみたことがない。典型的なバブル現象だ」

ヴァナセック氏「同感である。すべての古典的な兆候が現れているし、結果は多分素晴らしいものとはならないだろう。風船から空気が徐々に抜けると思いたいが、歴史はそうした方向を示していない」

住宅ローンビジネスの現場の目には、2004、2005年頃には、バブルは明らかであったようだ。このような状況認識にもかかわらず、ワシントン・ミューチュアルは「高リスク貸出戦略」を遂行する。取り扱う住宅ローンに占めるサブプライム・

ローンの比率は2003年には19%であったが、2004～2006年には55%程度に上昇した。

2005年に「高リスク貸出戦略」を取締役会で決定するにあたり、同行の経営陣が提出した資料では、信用リスク管理の強化を以下のようにうたっていた。

> 「この戦略の実施にあたり、信用リスク管理部門は営業部門とならんで重要な役割を担う。最高の信用損失モデルの選択、分析の基礎の開発、規制当局のガイダンス文書による重要な戦略要素の特定など多くのことを行う」「高リスク貸出戦略に伴う損失のピークは数年遅れて顕在化し、かつ、高リスク商品間の相関が重要となるので、強固なガバナンスが必要となる。このため、信用部門は、本戦略の実施のレビューと管理に能動的に取り組み、四半期ごとに執行委員会に報告・勧告を行い、適宜取締役会にも報告する」

こうしたリスク管理の強化は実現することはなかった。逆に、リスク管理部門は軽視され、組織上も格下げされた。一方で、経営陣からは、貸出拡大第一の強いメッセージが、現場に送られ続けた（118ページ参照）。そうしたなか貸出審査基準を引き下げた新たなローンが次々と導入されたうえ、もともと合併を重ねて拡大してきた同行は、現場の管理が弱く、ローンの実行状況や延滞状況の監視が十分行われず、規定に違反した貸出の頻発も放置された。

そして高リスクの貸出を重視するという方針は、2007年にはいっても継続していた。

住宅バブルの最中にいることも、高リスク住宅ローンの信用リスク管理の重要性もよく認識していたはずのワシントン・ミューチュアルが、サブプライム・ローン・ビジネスにのめりこんだ背景には、独立経営の維持の願望とそのための収益拡大志向があるとみられている。

それまで買収合併を重ね全米15の州に2,300の支店網を築き上げた同行は、逆にリテールネットワークの強化をねらう他の金融機関から買収のターゲットとされやすい存在ともなっていた。そのため、独立した経営を維持したい同行の経営者にとっては、収益増が最重要課題と感じられていた。住宅ローンを実行して投資銀行に売却した場合に同行が得られる利益は、伝統的な住宅ローンでは十数ベーシスポイントにすぎないのに対し、サブプライム・ローンでは、150ベーシスポイントと８倍に達していた。同行の経営者にとって、サブプライム・ローン業務拡大による収益増は見逃すことができず、「ローン債権を投資銀行に売却すれば自らリスクを負うことはない」という名目のもと、2007年に至っても方針を転換することなくのめりこむこととなったのであろう。

コラム　ワシントン・ミューチュアルと監督

ところで、ここまで極端に高リスクの貸出に傾斜していったワシントン・ミューチュアルについて、監督当局は何をしていたのであろうか？

同行を監督していたOTS（Office of Thrift Supervision）の検査では、同行が、貸出審査基準の低下、リスク管理の脆弱性、資産の質の悪化等の点で、重大な問題を抱えていることが、毎年指摘され続けていた。しかしながら、ワシントン・ミューチュアルは指摘された事項について改善することはなかった。

また、OTSも、同行の業務に改善がみられず、むしろ状況は悪化しているにもかかわらず、繰り返し問題点の指摘をするのみで、後は経営陣自身による対応に委ねていた。業務の改善を命じる強い措置をとることはなく、初めて改善を求める措置をとったのは、2008年になり大きな損失が顕在化するに至った後であった。

こうしたOTSの対応の要因の一つとしては、「監督当局は金融機関の経営になるべく介入するべきではない」という一般的な監督姿勢と、監督下の最大金融機関であるワシントン・ミューチュアルとの関係を悪化させたくないという思惑とが相まって、OTSが同行の経営陣を尊重し続けたことがあげられる。

また、2007年の後半になるまでは、ワシントン・ミューチュアルでは少なくとも表面的には損失は発生しておらず、むしろ高い収益をあげていた。こうしたなかで、OTSの担当職員が実際に強い措置をとろうとしても、同行が強く抵抗しているという状況では、当時の監督基準のなかに決め手となるような明確な基準はなかったため、強制することを裏付ける根拠に不足していたという面もある。

サブプライム・ローン市場が急速に拡大するなか、米国の監督当局（FRB、OCC、FDIC、OTS）は、2006年10月に、住宅ローン市場における著しい貸出審査基準の低下に対処するための新たなガイダンスを出した。このようなガイダンスは、抵抗するワシントン・ミューチュアルに対して改善を迫るための決め手となる監督基準が存在しないという、当時の現場の悩みに対する助けとなるはずである。

しかし、OTSは逆に、ワシントン・ミューチュアルがリスクの高い業務を継続することを支援するようなことすらしている。ワシントン・ミューチュアルをはじめOTS監督下の金融機関の多くは、高リスクの住宅ローンを主要業務としていた。OTSは、彼らの業務に支障が生じないよう、ガイダンスの作成過程において、他の監督当局に対して基準の内容を緩めるよう働きかけを行った。さらには、ガイダンスが制定された後も、これを直ちに適用しないという方針をとり、ガイダンスでは認められていないハイリスクの住宅ローンの実行を放置した。

なお、このように、OTSは、米国の他の監督当局に比べても緩い監督姿勢をとっていたために、2007年3月には、それまでOCC（Office of the Comptroller of the Currency）の監督を受けていた住宅ローン会社カントリーワイド（後にバンク・オブ・アメリカに買収される）が、OCCの厳しい姿勢を避けて監督当局をOTSに切り替えるといったことも起きている。

b　ロイヤル・バンク・オブ・スコットランド（RBS）

ロイヤル・バンク・オブ・スコットランド（RBS）は、国内におけるリテール業務を基本とする英国の銀行であるが、2000年代にはいり、海外における投資銀行業務等にも攻撃的・野心的に進出し、成長・収益拡大を実現してきた。2007年後半以降サブプライム・ローン・ビジネスをはじめとする損失の拡大と脆弱な財務体質が相まって市場の信認を失い経営危機に陥り、2008年に455億ポンドの資本注入を英国政府から受けることで破綻を免れた。RBSが経営危機に陥った要因は複数あるが、ここではサブプライム・ローン・ビジネスについてのみ触れる。

RBSは、2006年6月という比較的遅い時期にサブプライム・ローン・ビジネス拡大の戦略を決定する。この決定の背景には、取締役会からグローバル業務部門への強い拡大プレッシャーがあったとされる。

当時、米国にあるRBS の子会社グリーンウィッチ・キャピタルではすでにサブプライム・ローンの証券化を行っていたが、一次証券化商品であるABS（資産担保証券）の組成が中心でありABSをもとにした二次証券化商品であるCDOの組成では、RBSは他の金融機関に大きく後れをとっていた。グローバル業務部門はこの分野の業務を拡大することで取締役会のプレッシャーに応えようとしたのである。取締役会の様子について、当時グローバル業務部門の責任者は以下のように内部のメールに記している。

「この24時間というもの、取締役会はすべてのグローバル業務部門のビジネスについて非常に強気である。われわれのとりがちな守りの姿勢を排除し、より攻撃的・野心的であることを求める」

こうした状況のもと、2006年６月の取締役会において、グリーンウィッチ・キャピタルによるCDOの組成業務の拡大を中心とする成長戦略が決定された。この決定にあたり提出された資料では、戦略目的や成長目標は示されているものの、成長を裏付ける市場環境や新戦略に伴うリスクに関する分析はなされていなかった。新戦略に伴うリスクについては、箇条書きで「新たに発達した商品の市場リスクとモデルの複雑さ」と記されているだけで、それ以上の説明や議論がなされた形跡はない。

取締役会への提出資料には、この業務への本格参入には、CDOを組成して投資家に販売するまでの間ABSを保有するために150億ポンド程度のバランス・シートの拡大が必要となることも記されている。この自ら保有するサブプライム・ローン関連資産の増大が、後に損失につながるわけであるが、当時はバランス・シートの拡大に伴うリスクについては注意が払われていない。

RBSの経営陣は、新戦略をグリーンウィッチ・キャピタルで行っている既存の証券化業務の延長とのみとらえ、これに伴いグローバル業務部門のとるリスクが量的・質的にどのように変化するかという点については検討を行っていなかった模様である。

米国の住宅市場が過熱から悪化に方向転換するタイミングでCDOの組成に本格参入したRBSはすぐに困難に直面する。優先・劣後関係をもつ複数のトランシェのうち、支払順位が劣後する（リスクが高い）かわりに金利も高いジュニア部分については、販売先となる投資家が見つかるものの、最も高い支払順位をもつスーパーシニア・トランシェについては低い金利が投資家に嫌われて販売先が見つからないのである。

一方で、住宅市場の悪化は明らかになっていく。2007年1月のグループ・リスク委員会では「多くのサブプライム・ローンの貸し手は市場から撤退しており、ミシガンを中心に抵当権の実行の若干の上昇がみられる」ことが取り上げられている。

こうした状況においてとりうる対応としては、①CDOの組成を断念し、保有するABSについては売却する（この場合売却損の発生は不可避である）、②保有ABSからCDOを組成し、販売先の見つからないスーパーシニア・トランシェについては当面自己保有する、という２つの選択肢があった。RBSのグローバル業務部門はこのうち後者を選択した。「いずれ市場の状況が好転し自己保有したスーパーシニア・トランシェも売却できる」と楽観視していたのである。

最終的に、RBSは、新戦略のもと、2006年後半から2007年４月までの間に15件のCDO案件を実施したが、そのうち完全に投資家に販売できたのは４件にとどまり残りは自らスーパーシニア・トランシェを保有することとなったのである。

RBSの経営陣は、このような状況について、CDOビジネスによる収益が計画を下回っているという点では問題意識をもっていたが、自らの資産において、スーパーシニア・トランシェCDOというリスクを抱えているという意識はもっていなかった。

2007年２月、取締役会に対して米国のサブプライム・ローン市場の動向とグローバル業務部門に与えうる影響についての報告がなされている。これに対する取締役会の反応は、「報告の内容は良好なものであり、また最近HSBCが直面した困難にも照らして理解されなければならない」というものであった。当時、HSBCが米国サブプライム・ローンに関し多額の貸倒引当金を計上することを発表したことは、「RBSのCDOビジネスが当初の収益目標に対し後れをとっていても仕方がない」と考える理由にはなっても、「このままCDOビジネスを続けていいのか」と考える契機にはならなかったようである。

そもそも、グローバル業務部門のビジネスについて、取締役会はもとより業務執行にあたる経営陣も、どれだけ理解していたのかははなはだ疑わしい。担当役員であるジョニー・キャメロン氏ですら、同年５月になって、グローバル業務部門の責任者に「サブプライムの問題からの影響はどのくらいCDOビジネスに及んでいるのか」と尋ね「CDOはすべてサブプライム関連です」との返事を受け取っている。彼はCDOビジネスについてよく理解していなかったようである。彼は当時をこう振り返っている。

> 「この時点でも、自分が完全に十分な情報をもっていたとは思えない。……この頃になってCDOについてよりよくわかるようになった、いやもっと後かもしれない」

RBSの経営陣が、自ら保有するCDOのリスクに気がつき対応策の検討を始めるのは同年７月になってからである。ようやく問題の所在に気がついたRBSはヘッジの検討を始める。しかしこの時にはすでに、市場は崩壊に向かっていた。ヘッジのためのコストの高さに躊躇しているうちに、さらに市場は急激に悪化し、ヘッジ・コストがさらに上昇する……ということを繰り返し、同行はヘッジの機会を逸する。

c　UBS

UBSは、富裕層向けビジネス、資産運用業務、投資銀行業務を核として、世界的に業務を展開するスイスの銀行である。2004～2007年の時期、同行の取締役会等は、投資銀行部門における世界的な市場のリーダーのポジションを目指し、野心的な収益目標を立てていた。一方で、リスクに関しては慎重な姿勢をとっており投資銀行部門のリスク限度枠等はあまり引き上げられていない。こうしたなかで、サブプライム・ローン・ビジネスに深くかかわり、そして多大な損失を出すことになる。

2005年6月、UBSは新たにヘッジファンド（DRCM）を立ち上げ、当時の投資銀行部門のトップがこれを率いることを発表する。これは、資産運用部門が抱える顧客のヘッジファンドへの投資ニーズをグループ内で受けることで、グループとしてのシナジーを発揮し顧客を囲い込もうとする戦略と位置づけられていた。従来の投資銀行部門の業務と人材の一部がDRCMに移され、翌2006年6月になって実際にビジネスを開始する。

一方、2005年7月に就任した新たな投資銀行部門のトップは、野心的な収益目標に応えるべく、2006年3月、証券化商品関連業務を重要な要素とする成長戦略をグローバル執行取締役会に提出する。グローバル執行取締役会はこの成長戦略を支持しつつも、非常に複雑で流動性に欠けるコミットメントの増加については注意深く分析し厳格にコントロールすることが必要であることや、リスク対比リターンの不当な低下を避けるため収益の増加とVaR（バリュー・アット・リスク）やストレス時損失の増加のバランスをとる必要があることを強調した。

しかしながら、投資銀行部門では、相当数の人材がDRCMに移籍したため人材不足に悩んでおり、また、インフラ面でも業務の拡張にITシステムが追いついておらず、深度ある分析を実施できる状態ではなかった。また、リスク管理部門においては、成長戦略において業務を拡大することとなるCDOの組成等についても従来のリスク管理の枠組みのなかで取り扱っており、そのリスク特性をふまえた新たな管理方法についての検討は行われていない。

投資銀行部門においては、CDOの組成に取り組み始めた当初は、すべてのトランシェを投資家に販売していた。しかし次第に、スーパーシニア・トランシェについては自ら保有するようになる。この理由の一つとしては、RBSの場合と同様、当時スーパーシニア・トランシェを購入する投資家が見つかりにくくなっていたため、販売先の見つからないスーパーシニア・トランシェを自ら保有することによりCDOの組成を促進したという点がある。

しかし、それだけでなく、UBS固有の理由として、グループ内部の資金コストが低く見積もられていたため、他の金融機関にとっては魅力のないものとなっていた低金利のスーパーシニア・トランシェCDOであっても、UBSの投資銀行部門にとっては収益性のあるものとなっていたという点があげられる。そのため、同行は、自ら組成したCDOのスーパーシニア・トランシェを保有しただけでなく、他の金融機関が組成したCDOのスーパーシニア・トランシェの購入も行っている。

UBSのグループ・リスク委員会では、2006年９月には米国住宅市場に関する一般的懸念が取り上げられている。また、投資銀行部門内の調査部署では、2007年初めから、投資家向けに発行するレポート等でサブプライム・ローン市場をめぐる問題を取り上げている。ただし、こうしたことは一般的懸念にとどまり、自らのビジネスに対する懸念に結びつけられてはいなかった。

2007年３月、DRCMが保有するサブプライム・ローン関連の証券化商品について多大な評価損を抱えていることが判明し、DRCMを閉鎖するに至る。これを契機に、UBSの経営陣も、米国サブプライム・ローンの問題を自らの経営の問題として認識し始め、UBS全体へのサブプライム・ローン関連の影響の可能性についての報告を求めるようになる。

投資銀行部門は、サブプライム・ローン関連市場の動向については悲観的な見方をもっていたものの、UBSにとってはその影響は軽微なものであるとみており、経営陣に対してもそうした方向性の報告がなされた。さらに、投資銀行部門は、同年５月においても証券化ビジネスの相当の拡大を見込み、そのためにより大きなリスクをとることを認めるよう経営陣に対して求めている（さすがにこの申請は認められなかったが）。

2007年前半にわたり、投資銀行部門ではサブプライム・ローン関連ビジネスを継続しスーパーシニア・トランシェCDOの保有を拡大している一方、経営陣はサブプライム・ローン問題がUBSに与える影響は軽微なものであると認識しているという状況が継続した。

こうしたリスクの過小評価は、スーパーシニア・トランシェCDOのもつAAAという高い格付に判断を依存していたことによる。DRCMの損失の要因となった証券はAA以下の格付であったのに対し投資銀行部門で保有するCDOはAAAの格付を有しているので問題は小さいととらえられていた。また、スーパーシニア・トランシェCDOの価格変動のリスクについては、過去のAAA格の証券の価格変動データに基づき計算されたVaRにより測定しており、価格変動リスクはきわめて小さいものとされていた。

さらに、UBSのリスク計測の枠組みにおいては、過去のデータに基づいて、スーパーシニア・トランシェCDOについては価格が2～4％程度以上下落する可能性は無視しうるものとされていた。そのため、多くのスーパーシニア・トランシェCDOについて、額面の2～4％のヘッジを付すことによって完全にヘッジされているとみなされ、あたかもそうした証券を保有していないかのように、VaRの測定やストレス・テスト、各種報告の対象から外されていた。

UBSの経営陣はAAA格付に依存することの問題点を完全に無視していたわけではない。DRCMの損失原因を分析するなかで、グループ・リスク委員会では、市場が悪化する時にはCDOは一般の社債に比べ急激に信用度が低下するので、スーパーシニア・トランシェCDOのAAA格と一般の社債のAAA格を同等に扱わないほうがよいということが取り上げられ、より突っ込んだ分析を行うようにとの指示も出されていた。

しかし、サブプライム危機の発生前にその分析はなされなかった。投資銀行部門は、もともと人材不足に悩んでいたところへDRCMの閉鎖に伴う業務に忙殺されていた。また、UBSでは、CDOの裏付けとなっている資産の内容についての情報がシステム上データ管理されていなかったため、裏付け資産の内容に踏み込んだ分析は困難なものであった。

このため、投資銀行部門の幹部が問題の重要性に気づいたのは7月末になってからであり、経営陣は8月初めになって初めてスーパーシニア・トランシェCDOのかたちで大きなサブプライム・ローン関連のリスクを抱えていることを知ることとなる。この時には、市場はすでに崩壊に向かっており打つ手がなかった。

2 金融機関と金融リスク管理

(1) 金融リスク管理とガイダンス

このようなことからみえてくるのは、「金融危機によって経営難に追い込まれた」という言葉から連想される思いもよらない市場の変化に翻弄された被害者としての金融機関でもなければ、先のことを考えずに目先の利益を貪欲に追い求めた短視眼・無責任な経営者でもない。浮かび上がるのは、一応は、将来のリスクの心配もしているのであるが、的確な情報分析やポートフォリオ管理をしなかったがために、市場の変調にもかかわらずサブプライム・ローン製造マシーンを動かし続け、自らは苦境に陥り、また市場全体の問題を拡大化した金融機関とその経営者たちの姿である。

このような事例をふまえ、各種団体から金融リスク管理に関する新たな提言やガイダンスが発表されている。比較的早い段階のものとしては、2008年３月にシニア・スーパーバイザーズ・グループ（主要国の監督当局からなるグループ）が「最近の市場混乱時におけるリスク管理に関する観察」という文書を発表している。

これは、サブプライム・ローン市場の崩壊への対応において何がうまく機能し何がうまく機能しなかったかについて、欧米の11のグローバルな金融機関に対し、クエスチョネアへの回答を求めるとともに面談を行い、その結果を分析したものである。

この文書では、うまく凌ぐことができた金融機関と大きな損失を出した金融機関の明暗を分けたリスク管理上の違いを、主として以下の４つの側面から説明している。

① 全社規模のリスクの効果的な測定と分析

うまく凌ぐことができた金融機関では、経営陣・各業務部門・リスク管理部門の間の対話が密で情報がよく共有されていたために、市場が混乱する相当以前にリスクを認識することができ、経営陣主導で、全社的なリスク削減計画を作成・実施した。

大きな損失を出した金融機関では経営陣と業務部門の情報共有が進まず、各部門がそれぞれの判断で状況に対応した。

② 自らの判断による正確な評価の全社一貫的適用

うまく凌ぐことができた金融機関においては、市場が混乱する以前から複雑な証券化商品の評価にあたって格付に依存せずに自ら信用度を判断し価格評価をした。

大きな損失を出した金融機関では、裏付けとなる資産の劣化が明らかになっているにもかかわらず、スーパーシニア・トランシェCDOに対する高い格付に依拠した評価を続けた。

③　資金流動性、資本、バランス・シートの効果的な管理

うまく凌ぐことができた金融機関では、資金部門の関与のもと、流動性を管理しバランス・シートの著しい拡大や想定外の資本の減少につながるような活動を制約した。

大きな損失を出した金融機関ではバランス・シートの拡大や流動性の要請につながりうるような活動について十分な管理が行われていなかった。

④　有益で的確に状況に対応したリスク測定と経営への報告

うまく凌ぐことができた金融機関では、リスクの測定にあたり複数の手法を組み合わせて用いるとともに、状況変化に応じて前提を置き換えており、また定量的分析と定性的分析を組み合わせて状況を判断し方針を決定できた。

大きな損失を出した金融機関では、特定のリスク測定手法に依存し、またそこで利用される前提も硬直的なものであった。

③は流動性ファシリティの利用や、実際にサブプライム・ローン問題による市場の混乱が表面化するなかでの、各金融機関の耐性や対応の巧拙に関するものであり、先ほどの事例ではあまり触れられていないが、①②④については、「ああ、あのことをいっているな」と思う部分が多いであろう。

一方で、このように一般化した表現にしてみると、ほとんどの内容は、第１章や、この章の冒頭にあげた1990年代のガ

バナンスやリスク管理に関するガイダンスで指摘されていることをきちんと行っていれば対応できたはずの話ではないかということにも気がつくのではないだろうか。実際、この後、各種の団体からガイダンス的な文書が発表されているが、そこでいわれている内容は、各論の詳細や具体例においては最新の経験が盛り込まれているものの、その基本的な部分・より一般的なレベルにおいては、1990年代の文書に比べて大きな違いはない。

大きな損失を出すこととなった金融機関も、それまでに、さまざまなガイダンスをベンチマークとした達成度チェックをやってみたことはあったはずだし、きっとその際は、何らかの点に着目して「達成できている」としていたのではないだろうか。表現は乱暴かもしれないが、その気になれば何でも「達成できている」といえるものである。いわばガイダンスの「コンプライアンス」型の利用、すなわち、それぞれの項目について、「この項目についてはこれとこれをやっているから達成できているといえる」と○×チェックのような感覚で当てはめてみてもあまり意味のあるものとはならないであろう。

各種のガイダンスは、さまざまな経験から導き出された知恵や教訓の結集である。そこに記載されている指摘の背景にある経験に思いをはせ、そして、これを現在の業務に当てはめ、もし同様の問題が自分の金融機関で発生するとしたらどのようなかたちで発生するだろうと想像力を発揮して展開してみることで、効果的に利用できるものなのである。

(2) 金融機関のリスク管理の特殊性とリスク管理の「コンプライアンス化」

いま述べた「コンプライアンス」型のガイダンス利用の問題点は、リスク管理以外の場面においても、また、金融機関以外の組織においても、広くガバナンスについて当てはまるであろう。一方、金融機関のリスク管理の「コンプライアンス化」については別の側面の問題もある。

金融以外の業種、たとえば製造業等では、リスクは、付加価値を生む業務に付随して抱えてしまういわば「負の副産物」である。一方、金融機関の場合、もちろん業務に付随して抱えてしまう「副産物」としてのリスクもあるが、そもそも、金融機関のビジネス・モデル自体が信用リスクや流動性リスクなどを引き受け金融を仲介することで成り立っており、中心となるのは「副産物」としてのリスクではなく「業務の対象物」としてのリスクである。

リスクを扱うことを商売としている以上、外から与えられた基準・ガイダンスによるだけではなく、主体的・戦略的にどうリスクをとり、どうコントロールし、どう収益をあげるのかを決定し、それに一致するよう業務を実現することが金融機関のリスク管理であり、また経営である。たとえば、レストランを考えてみた場合、防災対応であれば消防署等から示された基準を満たしているかどうかを重視して判断するだろうが、味付けについて「客観的な基準をクリアしているから、これでお店は安泰だ」と考えるオーナーはいないだろう。

筆者は、バーゼルⅡの実施を前に金融検査マニュアルの改訂作業にあたった。2006年この作業を開始するにあたり、「行うべきリスク管理を当局が示す」と考えている金融機関が少なからずあることに気がついた。この背景には、金融機関によるリスク管理が第二の柱としてバーゼルⅡの一部となったことや、内部格付手法を選択した場合承認のための審査が行われることがあろう。また、当局の側から「バーゼルⅡを契機にリスク管理の向上を図る」といったニュアンスが強調されていたこともこうした傾向を助長する結果となったと考えられるし、さらにいえば、「バーゼルⅡ対応のリスク管理」をアドバイスするという業者等があおった面もあろう。

そこで、改訂作業では、それまでの金融検査マニュアルがいわば金融機関がこれを「教科書」としてリスク管理の向上を図ることを期待しているような面があったのに対し、金融機関のリスク管理の「脱コンプライアンス化」を促すものとすることを強く意識した。それまでの金融検査マニュアルにあった「ベストプラクティス」「ミニマムスタンダード」といった目指すべきモデルを示すような文言を排除し、具体的なリスク管理手法や手続の内容については、「たとえば」という例示のかたちでの記載を増やした。

一方で、全体のたてつけとして、外部的・内部的環境の変化に応じて、リスク管理の改善を続ける動的なプロセスが確立されているかを重視するものとした。前述のとおり、リスク管理は金融機関の経営そのものであるから、当局や金融検査マニュアルが金融機関にかわってリスク管理の方法を決定するものではないし、また、業務の状況も周囲の環境も常に変化しているから、あるときその金融機関にとってベストと思われたリスク管理も、すぐ不適当なものとなってしまうかもしれない。そこで、金融検査マニュアルでは、あるべきリスク管理のかたちを示すのではなく、試行錯誤を繰り返し常に改良を加え現実に対してファイン・チューニングできているかに主眼を置いたのである。

しかし、金融機関のリスク管理の「脱コンプライアンス化」は成功したとはいえない。依然として、当局が定めるルールや数値基準を遵守したり、業界スタンダードやベストプラクティスを達成したりすることがリスク管理の主眼になっているかのような金融機関もある。

この背景には当局のかかわり方の問題もあろう。一方で行政の透明性や予見可能性といったことを追求し出すと、当局は、金融機関が何を目指すべきかはっきりさせなければならないとなってきて、コンプライアンスめいてくる。

また、一時期、監督方針の説明などでリスク管理を行うこととリスクテイクを行うことが対峙するものであるかのような表現が使われていたが、このような表現は金融機関経営におけるリスク管理とリスクテイクの意味についての的確な理解の上に立ったものとはいえず、金融機関経営におけるリスク管理の位置づけをよりあいまいなものとしたかもしれない。

本来、リスク管理とリスクテイクは、メビウスの輪のように、相互に依存し合う、あるいは、包含し合うようなものである。すなわち、リスクテイクにかかる方針決定はリスク管理プロセスの重要な一部を構成するものであり、また、リスク管理が収益とリスクテイクにかかる戦略的な方針決定を支える。

そもそも、意思決定をするにあたり、それがどのような「リスクテイク」を意味するのか認識できていれば、それ自体、相当高いレベルのリスク管理が行われているということであろう。大抵の問題は、大きなリスクテイクを行うという意思決定の結果発生しているのではなく、リスクテイクとしての的確な認識がないままに意思決定を行っていた（あるいは意思決定すら明確に行われないままリスクテイクが進んでいた）ことによって発生している。

「リスク」に対応するのは「リターン」、「テイク」に対応するのは「回避」である。対峙させられるべきは、リスクテイクとリスク回避、あるいは、収益機会の拡大・追求とリスク管理といったところだろう。

ところで、別の観点からのコンプライアンス化の問題点として、内部的なリスク管理のコンプライアンス化がある。すなわち、現場の各部門において、リスク管理を、リスク限度枠などのルールや基準をクリアすることによって達成されるものととらえるようになると、組織全体としてのリスクに対する感度を高めることができない。これは、リスク・カルチャーが醸成されていないということもできるであろう（116ページ参照）。

たとえば、UBSの事例では、同行のリスク管理に用いられていたリスク量の測定ルールがCDOのリスクの特性を反映できておらず、また、市場の動向が大きく変化しているにもかかわらず既存の枠組みに依拠していたことが問題となった。これは、同行のリスク測定手法が稚拙であったということもできるが、一方で、職員の間に、限度枠等の基準をいかにクリアするかという意識ばかりが強く、実際にどのようなリスクに直面しているかを自ら考えるという意識が欠けていたということもできる。

コラム

リスク管理とリスク管理部門

リスク管理におけるプレーヤー、行動主体は誰であろうか？　リスクをどのようにとるのか、それともとらないかを決定するのは経営陣であり、また、これに従って実際にリスクをとったり減らしたりするのはフロントの各部門である。これら、経営陣とフロントの各部門が、リスク管理における行動主体ということができるであろう。一方で、リスク管理部門は、こうした主体の意思決定や行動が、円滑に適切に行われることを支援し確保するための業務を行う——大きな役割を担っているのだが同時に黒子でもある。リスク管理は、あくまで経営陣とフロント部門の行動によって実現される。「リスク管理」とは、「リスク管理部門の行う業務」のことではない。

日本だけの現象か

リスク管理の「コンプライアンス化」は日本だけの現象なのだろうか。いかにも、横並びを気にする日本人らしいという印象もある。

経緯を振り返ってみても、それまでのいわゆる護送船団方式といわれる環境下にあった日本の金融機関が、金融自由化に伴い、「自己責任」「リスク管理」といわれるようになり、そこへ一足先に自由化が進んでいた欧米におけるリスク管理がはいってきたので、リスク管理という発想が、自らの経営問題として生まれるというより外から示されるものとなったということも、むべなるかなという気もする。また、当時金融機関にとって、現在のリスク管理よりも、過去のリスク管理の失敗の後始末、すなわち不良債権の処理が喫緊の経営課題である時期が続いていたので、その点でも、リスク管理を自らの経営問題としてとらえる意識が生まれにくかったのかもしれない。

しかし、世界金融危機以降の欧米金融機関や監督当局の議論をみていると、「コンプライアンス問題となってしまっていたリスク管理を経営問題に引き戻さなければならない」といった議論がなされており、日本だけの問題ではないようである。

「コンプライアンス化」につながる世界的に共通する要因としては、バーゼルⅡの「副作用」があげられる。バーゼルⅡで内部格付手法を利用しようとすれば、内部モデルやストレス・テストなどの要件に基づいて審査を受け、承認を得なければならない。金融機関のリスク管理部門はそれをクリアすることに注力した結果、本来のリスク管理の役割である経営のサポートから乖離してしまった。その間にさまざまなリスクが蓄積され、それが2007～2008年の混乱となって露顕したというのが実情だろう。

(3) ビジネス・モデルの違いとリスク管理手法

話を日本に戻す。欧米の大金融機関は、多角化・多様化した業務を抱え、それらのリスクをいかに評価するか、どの業務に重点的に資本を配分するかといった判断を行わなければならないというニーズに応えるためのリスク管理手法を発展させてきた。

一方で、それほど業務が多角化していない日本の金融機関にとっては、そうしたニーズはあまりないし、リスク・リターンにあわせて業務の重点を大胆にシフトするという選択肢がなければ、欧米の大金融機関のとっているのと同じようなリスク管理手法ではなかなか経営には結びつかないだろう。

したがって、いわゆる「先進的な欧米金融機関」とは異なる自分にあったリスク管理が必要になるのである。が、ではリスク管理とは何なんだと勉強しようとしたときに出てくるのが、多角化した業務を抱えた欧米の金融機関の事例では、なかなかピンとこないだろう（ピンとこないからコンプライアンス化するのか、コンプライアンス化しているから経営をするうえでピンとくるような自分にあったリスク管理ができないのか、ニワトリと卵の関係のようにも思えるが……）。

ビジネス・モデルとリスク管理手法という観点から、興味深い事例が金融庁の発表する金融検査事例集に掲載されていたので、以下引用する。

（規模・特性等）

・　地域銀行、中小規模

・　多額の与信関連費用や有価証券の減損処理等により大幅な赤字を計上している。

・　リスク量と比較し、余裕のある運営ができる状況になく、経営に重大な影響を及ぼすおそれがある。

【検査結果】

取締役会は、「リスク管理計画」において、統合的リスク管理の基本方針を定め、各種リスクの把握とその対応方針の協議を行うリスク管理委員会を設置しているほか、統括部署としてリスク管理部門を設置している。

こうした中、以下のような問題点が認められる。

①　信用リスク量が許容リスク量を超過したため、リスク管理委員会は、各リスクの算定基準や許容リスク量を超過した場合の対応等を定めたルールに基づき、リスク量の低減策を策定している。しかしながら、同委員会は、リスク量の急激な削減は望ましくないと判断し、取締役会等へ報告しないまま、当該低減策を行っていない。

また、同委員会は、大きな市場変動の影響による市場リスク許容量超過後においても、政策投資株式以外の株式の保有期間を合理的な根拠もなく短縮することにより、リスク量を低下させている。取締役会も、同委員会から市場リスク許容量超過の報告を受けているにもかかわらず、リスク量の削減を指示せず、リスク許容量超過を容認している。

この結果、与信関連費用の増加や有価証券の減損処理等が決算に大きな影響を及ぼすに至っている。

さらに、取締役会及び同委員会は、その後の資金調達によってリスク資本配賦運営に余裕ができたと判断し、アラーム基準の妥当性や、アラーム基準抵触時及び許容リスク量超過時の対応に係る運営ルールの見直しを行っていない。

② 経営計画において、リスク管理の強化の一環として、信用リスク計測システムを導入することなどにより、リスク計測を精緻化することとしている。

しかしながら、信用リスク量及び市場リスク量の計測について、以下のような問題点が認められる。

・ 審査部門は、外部格付機関が算定した倒産確率を、検証することもなく、信用リスク量の計測に使用する倒産確率として使用しており、自行の倒産実績を適切に反映していない。

また、同部門は、業種内相関等を計量していないほか、リスク管理部門は、オフ・バランス取引等の信用リスクもリスク量に反映させていない。

・ 市場リスク量の計測について、保有期間を超過した政策投資株式及び債券等を多数保有している中、リスク管理部門は、こうした運営実態を踏まえた適切な保有期間を設定していない。

（金融庁「金融検査結果事例集」2011年７月、62～63頁）

この記述からは、この銀行は、「信用リスク量」「市場リスク量」を算定し、それぞれについて設けた「許容リスク量」を超過した場合には、リスクの削減を行うという「リスク資本配賦運営」を行っているものと想定される。

こうしたなか、大きな市場変動により市場リスク量が許容量を超過した際にリスクの削減を行わなかった。ビジネスとして市場動向に応じて頻繁に証券等の売買を行っているのでなければ、市場リスク許容量の超過が発生するのは、市場の変動、とりわけ下落を伴う変動時であるのは当然のことである。そもそも、この銀行はそのような状況が発生したならば、保有証券を売却することを視野に入れるということをあらかじめ考えていたのだろうか？　そのつもりがないのであれば、市場リスク許容量を基準とした運営ルールそのものが意味をなさないであろう。

信用リスク量が許容リスク量を超過した理由については記載がない。しかし、中小規模の地域銀行が急激に貸付を拡大して信用リスク量を「急激な削減」が必要となるほど増大させるということは想定しにくいので、既存与信先の信用力の低下や貸倒実績率の悪化により信用リスク量が増大し許容リスク量を超過したものと考えられる。仮にそうだとすると、信用リスク量を急激に削減する、すなわち、それまでの貸付額の規模を大幅に低下させる、あるいは貸付債権の売却等を大量に実施するという選択肢は、容易にとりうるものではなかったというのは想像に難くない。

地域銀行であれば、信用リスク量の変動は、絶対的な与信額の増減よりも、与信先の経営状況・地域の経済状況に左右されるであろうことは容易に想定される。許容リスク量を超過したらリスク削減策を策定するという運営ルールが、そもそも現実的なものであったか疑わしい。

市場リスクにせよ、信用リスクにせよ、「リスク許容量を超過したらリスクを削減する」という運営ルールはあるが、「リスク許容量を超過するような事態（市場の下落、与信先・地域経済の状況悪化等）が発生したら、リスクを削減するための方策（保有証券の売却、貸付額の縮小、貸付債権の売却）を行う」という心づもりができていたのかどうかが疑わしい。

このようにして考えてみると、問題は「リスク許容量を超過したにもかかわらずリスク削減策を実施しなかったこと」にあるのではなく、「ポートフォリオの急激な入れ替えが困難な商業銀行業務に特化したビジネス・モデルであるにもかかわらず、多様化した各業務への重点の置き方を環境変化に応じて柔軟に入れ替えるというビジネス・モデルをもつ金融機関が実施するのと同様の資本配賦運営やリスク許容量管理の手法を採用したこと」にあるのではないかと思われる。

リスク管理の強化としてリスク量の計測の精緻化を進めて

いるとの記載もあるが、その前に、リスク量を計測する趣旨を明確化する必要があるだろう。

(4) リスクの計測と数値の自己目的化

「コンプライアンス化」とも密接にかかわる問題として、「数値の自己目的化」がある。

現在どの程度リスクをとっているのかを評価するために、あるいは、どの程度リスクをとることを認めるかの枠を設定するために等々、リスクを管理するためのプロセスでは、さまざまな場面で数値による計測が登場する。その際使われる数値の性格は、「○○の残高」のような生の数字から、特定のルールのもとで計算された「リスク量」のような抽象的なものまで、こちらもさまざまであろう。

一つひとつの数値は、あるリスクの側面を特定のルールに基づいて表現しているにすぎない。リスクの評価は、複数の数値を組み合わせることはもちろんのこと、さらに数値以外の要素も含めた判断によるものとなる。

だからといって、数値による計測を充実させることの価値が減少するものではない。先入観を排した客観視が容易になる、組織内のコミュニケーションが促進される、時間的なあるいは部門間の比較を可能とする等、数値は重要な役割を演じる。業務を行うのがあくまで人間である以上、目を背けてしまいがちなことや、なかなか意思決定に踏み切れない場合もあるが、数値という結果で現実を表現しトリガーポイントなどを設定することで、アクションを起こしやすくすることも期待できよう。

また、もう一つのメリットとして、リスクを評価するにあたって、数値や基準に現れる部分については数字を見ればいいわけで、人間は、数字に現れていないリスクや数値の弱点に、より神経を注ぐことができるということをあげることができる。また、そうする必要がある。

ところが、えてして、数値基準をクリアすることだけに注目しがちである。そうなるとあたかも、数値化されていないものは存在せず、数値化されたものだけが真実であるかのように対応してしまうことになる。

たとえば、先ほどのUBSの事例では、同行の採用していたAAAのスーパーシニア・トランシェCDOの価格変動リスクの計測方法ゆえに、価格変動リスクを過少評価し、部分的なヘッジをもって完全なヘッジと同等に取り扱ってしまったことが、対応の遅れの原因となっている。これについて、リスクの計測方法が誤っていたことが問題であるという言い方もできるであろう。

しかし、スーパーシニア・トランシェCDOに関するデータの蓄積がないなかで、これを、UBSのリスク測定の枠組みのなかに組み込もうとすれば、とりあえず、既存のAAA格の証券のデータを使うということ自体は合理的な判断であろう。むしろ本質的な問題は、所詮数値は、一定の方法によって現実の一部を切り取ったものにすぎないことを忘れ、行内ルールとしての数値上のリスクに依存、これを小さくすることを自己目的化し、また、DRCMにおける失敗をはじめとする現実に直面しても行内ルールの弱点を直視しなかった点にあろう。

利用される数値が、直感的・感覚的に判断できる“生の数字”から、“加工した数字”へと姿を変えれば変えるほどより注意深く扱う必要がある。

「来週行われる試験にAさんが合格する可能性」について、以下ａ～ｅの理由で「50%」というと想定しよう。

ａ　合格か不合格か２つに１つだから

ｂ　合格予定者の２倍の受験者がいるから

ｃ　前年の同じ試験で当校からの受験者の合格率が50％だったから

ｄ　合格予定者の２倍の受験者がいて、Ａさんはそのなかで平均的な能力の持ち主だから

ｅ　合格予定者の５倍の受験者がいて、能力テストでＡさんは上位２割程度の成績だったから

ａ～ｅのどの理由によるかによって、「50％」がどのような前提のもとでどの程度「使える」数値であるか変わることは明らかであり、その用い方を誤る人はいないであろう。しか

し、他のさまざまな数値とあわせ利用され加工されていけば、a〜eの違いのような情報は徐々に失われていく。

数値のなかには、豊富な裏付けのある確かなものもあるだろうし、非常に不確実な欠点だらけのものもある。生の数字であればこうしたことは直感的にわかっているが、いろいろなレベルの確かさをもつ数字をあわせ加工された数字——抽象化された数値——をリスク管理で取り扱う場合、よほど注意しないと、どこに数値の弱点・限界があるのかがわからなくなる。

先ほども述べたように、リスクの評価は、複数の数値を組み合わせることはもちろんのこと、さらに数値以外の要素も含めた判断によるものであり、一つの（あるいは特定の少数の）抽象化された数値をもって、「正しい」リスク量ということができるものではない。この点について、バーゼルⅡによる自己資本比率規制が、内部モデルで計測されたリスク量を自己資本でカバーするという体裁になっていることは、「正しいリスク量」があるかのような錯覚を招く要因として作用する一面もあったのかもしれない。

コラム

統計的確率手法とリスク管理

リスク計測と数値の自己目的化に関連する問題として、VaRに代表される統計的手法によるリスク計測について触れておこう。ここで利用される確率は、科学的法則や因果関係によって導き出されているものではなく、現実のデータとあうようにつくられたモデルによるものである。

もし、このモデルが的確に現実を反映しているかどうかを、高い水準、たとえば信頼区間99%のVaR（逆にいえば１%の確率でこれを超える損失が発生するという数値）のレベルで検証しようとすれば、何百・何千のデータが必要ということになる。しかし、実験室で実験しているわけではないので、これだけのデータを得る前に、前提となる市場の構造が変化してしまうことも珍しくない。言い換えれば、「そこそこ頻繁に発生しているレベル」の損失でなければ、計測モデルに的確に反映することはできない（形式的には計算できてもそれが的確か否かを知ることはできない）。

また、利用されているデータは「過去」の観察結果であり将来を予測するための手がかりにはなるが、過去は必ずしも将来ではない。自然科学の現象であれば、過去から将来を予測できる場面も多いのであろうが、金融市場の将来（の多くの要素）は人間がつくるものであり、過去から将来を予測することにはおのずから限界がある。たとえていえば、同じ箱から何回もくじを引きながら当たりくじの確率を推測しているのではなく、過去の対戦成績からこれから行う試合の結果を予測しているにすぎない。

実際には、人間が過去のデータを入手し利用するということ自体が将来を変えてしまう。2003年の日本における債券市場の大幅下落が「VaRショック」と呼ばれていることは、そのことを端的に示している。また、米国の住宅価格は、地域ごとの動き方はその時々のそれぞれの経済情勢等の事情を反映して相当の違いがあった（すなわち地域間の相関が低かった）ため、個別の地域についてみると大幅な上昇や下落をすることがあっても、全米レベルでみればコンスタントに上昇を続けているというのが従来の姿であった。これに目をつけて、地域を分散させた住宅ローン債権のプールをつくれば、住宅価格の大幅下落により大きな損失を出す可能性はきわめて低くなるとして行われたのが、サブプライム・ローンの証券化である。そして、まさにこのことが、住宅ローンというかたちでの資金流入という共通の理由による全米規模での住宅価格の急上昇とその後の崩壊という、それまで発生することのなかった事象を引き起こしたのである。

結局のところ、統計的手法は、「そこそこ頻繁に発生しているレベル」の事象を「過去」に基づいて測定できるにすぎず、これよりはるかに厳しいレベルで将来についての予測が求められるリスク管理で利用するには大きな限界がある。

⑸　平時とショック時（予防対応と事後対応）に二分できるか

ところで、金融機関のリスク管理において、「平時とショック時」「予防対応と事後対応」に分ける二分法的考え方はどの程度有効であろうか。

企業における不祥事や事故を対象としたリスク管理においては、これらの発生の予防のための対策としてのリスク管理と、発生してしまった場合の事後対応としてのリスク管理を、２つのフェーズに分けて論じられることが多い。ひとたび不祥事や事故が発生してしまうと、関係者への謝罪、プレス発表、不良品の回収等々、発生予防策とはまったく違う次元の対応が求められるためであろう。

対照的に、これを分けてしまっては意味がないのは、自然災害対策であろう。こちらは発生を予防するということはできないし、平時を基準に対策を考えても意味がない。もちろん災害の程度による段階分けはあるであろうが、すべてはもし災害が起きてしまったらどう対応するかという事後のためにあるということがいえよう。

金融機関のリスク管理では、２つのフェーズをいかに連続したものとすることができるかにリスク管理の優劣が現れるということができよう。リスクをとること自体が収益の源泉となっている金融機関のビジネス・モデルにおいて、外部環境の悪化や自らの経営上の判断の誤りによる損失の発生自体は避けえないものである。織り込みずみの状況から想定外の事態へ、そしてさらにそれに伴う巨大損失の発生のフェーズへと向かう過程を連続したものととらえ、その過程で先手を打つ——すなわち、損失の発生を最小に抑えるべく方針転換をしたり、きたるべき経営の悪化に備え内部留保や流動性の積み増しといった慎重な対応をとったりすることができるか否かが問われるのである。

この章の冒頭で事例としてあげた金融機関にとっては、サブプライム・ローン問題は2007年７～８月に市場の崩壊という急激なショックとして訪れている。しかし、より早い段階で業務を縮小した別の金融機関にとっては、半年あるいは１年かけて市場がバブルからその崩壊へと移行していく連続的なプロセスにみえていたのであろう。

UBSは、DRCMにおいて大きな損失が発生することが判明した際、すみやかにDRCMの閉鎖を決定している。DRCMを設立するという経営判断の誤りに対する事後対応という観点からは的確なものであったろう。しかし、この一件を、サブプライム・ローン関連業務をめぐる連続的な大きな環境変化の過程での出来事としてとらえることができなかった。そのため、他の多くの金融機関がスーパーシニア・トランシェCDOの売却に必死になり始めているなか、UBSはそれを新たに購入し続けた。

「ストレス・テスト」や「シナリオ・テスト」と呼ばれているものは、単に「ショックが発生したらどうなるか」という二分法的発想で扱われるべきものではない。どういうときにどういう過程を経てどういう問題が発生するのか、その際どういう対応策がとれるのか、何が有効か、あらかじめどの段階でどう備えることができるのかという思考訓練・机上の疑似体験を通じて、平時とショック時のギャップを埋め連続的にとらえることを可能とすることが期待されるものである。

コラム

JPモルガン「ロンドンの鯨」事件

2012年４月６日、「ロンドンの鯨」というニックネームをもつJPモルガンのトレーダーが、CDSの指数取引で非常に大きなポジションを構築しているという報道がなされた。４月13日、JPモルガン幹部は、これについて、「報道されている取引は、クレジット・リスクのストレス時に発生する損失をカバーするためのポジションを構築しその中身を状況に応じ調整しているものにすぎず、問題はない」という趣旨の説明をした。

ところが同社は、それから１カ月もたたない５月10日には、CDS取引に重大な問題がありすでに損失は20億ドル超に達しさらに拡大する可能性があることを、７月13日には、損失が58億ドルに達したことを発表した。

「ロンドンの鯨」の取引では、第1章で取り上げた金融機関の事例のようにトレーダーが権限外のポジションをとったり隠蔽工作を行ったりしていたわけではない。といって、第2章で取り上げた金融機関の事例のように、会社として収益をねらってこの取引を行っていたものでもない。何が起きたのだろうか[4]。

事件の舞台になったのは、ロンドンにあるCIO（Chief Investment Office）という部門である。CIOはJPモルガンの余資運用を業務とし、運用手段としては信用度の高い債券を用いていた。2007年、CIOは、CDSの指数取引を開始し、これをシンセティック・クレジット・ポートフォリオと称した。この新たな取組みは、クレジット市場全体の状況が悪化する、すなわちクレジット・スプレッドが拡大したりデフォルトが発生したりすることにより保有債券に生じる損失を緩和する目的のものと位置づけられていた。

もっとも、実際には、単にプロテクションを買っていただけではなく、またネットでショートのポジション（クレジット市場の悪化により利益が生じるポジション）を常に維持していたわけでもない。複数のCDS指数のロング・ショート双方のポジションを組み合わせ、取引の開始から2011年末まで

4 事実関係については、"Report of JPMorgan Chase & Co. Management Task Force Regarding 2012 CIO Losses" （January 16,2013）による。

に20億ドル程度の利益をあげていた。そして、2011年の末には、さまざまな種類の取引を相当程度の規模でもち、全体としてはショートのポジションをとっていた。

こうしたなか、2011年末、CIOでは、シンセティック・クレジット・ポートフォリオのポジションを中立的なもの、すなわちクレジット市場がどちら方向に動いたとしても、損失も利益も発生しない状態に移行させることを考えるようになった。その理由の一つには、バーゼル2.5、Ⅲの導入を控え自己資本比率計算上のリスク資産を減らす必要があったこと、もう一つには、世界経済全体についてそれまでに比べ楽観的な見方をするようになりクレジット市場の悪化に備えたポジションをもつ必要性が薄れていたことがあげられている。

このため当初は、既存のショートのポジションの一部を解消することが計画されていたが、2012年1月中旬になると、シンセティック・クレジット・ポートフォリオの担当トレーダーは、既存のポジションを解消しようとすると相当のコストがかかると説明し、ポートフォリオの規模を縮小しないことについてCIOのトップの了解を得た。そして、異なる種類のロングとショートのポジションを積み上げ、1月26日には、シンセティック・クレジット・ポートフォリオはロングでもショートでもないバランスのとれた状態となったとされた。

ところが、バランスがとれているはずのシンセティック・クレジット・ポートフォリオは損失を出し続けた。異なる種類の取引の値動きの相関が担当トレーダーたちが想定しているものとは異なるのである。一部のトレーダーからは、「市場は自分たちが考えているようには動いていない」という懸念が表明されるが真剣に取り上げられることなく、ロング・ショート双方のポジションが積み上げられ、損失は１月末には１億ドルに達し、２月にはさらに6,900万ドルの損失を出す。こうしたなか、２月29日に、CIOの上層部はJPモルガンのCEO等に近況報告を行っているが、そこでは、シンセティック・クレジット・ポートフォリオの縮小を進めていないことも、損失の発生が続いていることも触れていない。

３月中旬、シンセティック・クレジット・ポートフォリオの担当トレーダーは、損失が発生しているのはポジションが実際にはショートの状態になっているためであると考え、これをバランスさせるためにさらに相当規模でロングのポジションを積み上げた。一方で、３月21日に行ったCIOトップへの説明では３月７日の数値を用い、その後さらに相当規模でポジションを増やしていることは伝えなかった。このことが翌日、CIOのトップの知るところとなり、23日には、取引を停止することが命じられる。第１四半期のシンセティック・クレジット・ポートフォリオの損失は７億1,800万ドルに達した。

冒頭に述べた「ロンドンの鯨」報道を前に、４月５日、CIOはシンセティック・クレジット・ポートフォリオについてJP

モルガンのCEO等に説明した。その内容は、シンセティック・クレジット・ポートフォリオはおおむねバランスのとれたものとなっており、現在の損失は市場にゆがみが生じていることによる一時的なもので管理可能であるというものであった。説明内容の一部については、本部スタッフが検証を行ったが、CIOから提供されたデータに基づいていたため、説明に大きな間違いはないものとされた。

ところが、損失は一時的なものどころか拡大を続けた。そこで、同月26日にJPモルガンの上層部は、本部のマーケット・リスク部門のスタッフにシンセティック・クレジット・ポートフォリオの中身を精査するよう命じた。その結果、同ポートフォリオの抱えるリスクは、CIOの説明よりもはるかに大きいものであることが判明し、4月末からは、同ポートフォリオは本部のマーケット・リスク部門の管理下に置かれ、ポジションの解消が進められた。またその後、CIOによる価格評価方法も不適切であったことが判明した。

なぜ、ここまでシンセティック・クレジット・ポートフォリオのリスクが見逃されてきたのであろうか。

CIOのトップは、シンセティック・クレジット・ポートフォリオの実態をよく理解しておらず、リスクの削減を求めるのか収益の維持を求めるのかの明確な方針も示さなかった。また、さまざまな懸念が表明されたり損失が発生したりしても、真剣に取り上げることも上層部に報告することもせず、

3月23日に取引の停止を命じるまで担当トレーダーの行っている取引を事実上放置していた。

また、CIOのリスク管理部署は、人員面でも能力面でも、シンセティック・クレジット・ポートフォリオの拡大・複雑化に対応するには、脆弱であった。同部署では、VaRやストレス時損失などの4種類のリスク限度枠を設定していたが、あるものについては安易に超過状態を容認し、あるものについては超過したのは3月末に取引を停止する頃になってからであったため、実際にはいずれの限度枠もリスクに歯止めをかけるものとして機能しなかった。特にVaR枠の超過は、1月中旬という早い段階で発生し、かつこの枠はCIO内部ではなく全社規模で定められているものであるため深刻なものであった。トレーダーはこれを当時検討中であった新たなVaRモデル（これを用いればVaRの値は格段に小さくなる）の導入を急ぐことで解決しようとした。これを受けて、CIOのリスク管理部門は、既存の枠の超過は新モデル導入までの一時的なものとして容認していた（なお、新モデルは1月末に利用が承認されるが、その運用をめぐっては、承認にあたり説明したのとは異なる手法を用いている、「平均」を用いるべきところで「合計」を用いているなどの問題があることが後日判明した）。

一方で、本部においては、「CIOは余資を堅実に運用する部門である」という先入観から、CIOのとっているリスクに十分な注意を払っていなかった。CIOのリスク管理部署が、他の部署のリスク管理部門に比べ脆弱な状態のまま放置されたのもこのためである。また、リスク限度枠についても、CIO全体の包括的なリスク限度枠しか設けられておらず、他の部門について設けているようなCDS取引固有のリスク限度枠を設けていなかったため、本部がシンセティック・クレジット・ポートフォリオのポジションの積上がりに気づくのが遅れた。

CIOのシンセティック・クレジット・ポートフォリオに対する管理方法が実態に見合っていないということは、2011年末時点での内部監査で取り上げられている。また、2012年1月に新たに就任した本部CRO（Chief Risk Officer）のもとで、CIOのリスク管理を他の部門並みのものとするための取組みも開始されたところであった。しかし、シンセティック・クレジット・ポートフォリオは2、3カ月という短期間に大きなポジションを積み上げてしまっており、取組みは遅すぎるものとなった。

「リスク・ヘッジのために行っていたはずのデリバティブ取引でいつの間にか大きなリスクをとるようになっていた」――古典的な失敗のパターンがみてとれるところである。

第3章 ガバナンスの関連分野

1 内部統制

(1) 経　緯

ガバナンスに関連する制度化された分野の一つとして、財務報告の不正防止を中心に発達してきた内部統制＝internal controlがある。

1980年代、粉飾決算等の不祥事が相次いだ米国では、米国公認会計士協会、米国会計学会、内部監査人協会などにより通称「トレッドウェイ委員会」(National Commission on Fraudulent Financial Reporting) が設立され、財務報告の不正を防止するための内部統制の重要性を提唱した。その後作業は、COSO (Committee of Sponsoring Organizations of the Treadway Commission) が引き継ぎ、1992年に内部統制の基本的枠組みに関する報告書が発表された。これがCOSO内部統制フレームワークと呼ばれているもので、多くの国における監査実務・基準や国際的な議論に反映されることとなった。

(2) COSO内部統制フレームワーク

COSO内部統制フレームワークでは、まず「内部統制」を

「業務の有効性と効率性、財務報告の信頼性、法令の遵守という３つの目的の達成を合理的に保証するために設けられた、事業体の取締役会、経営陣、および他の構成員により実施されるプロセス」と定義している。この作業の当初の目的である財務報告における不正防止だけではなく、業務の有効性と効率性、すなわち業績・利益目標の達成や資産の保全といった基本的な事業目的の達成や、法令の遵守も内部統制の目的とされている。

COSO内部統制フレームワークは、内部統制を、「統制環境」「リスク評価」「統制活動」「情報とコミュニケーション」「モニタリング」の５つの要素からなるものとして説明している。

「統制環境」は、統制に対する人々の認識に影響し組織の気風を決めるもの、規律と構造を提供し他のすべての要素の基礎をなすもの、とされている。これだけでは、何をいっているのかよくわからないが、例示として、事業体の構成員の誠実性・倫理観・能力、経営陣の哲学と運営スタイル、経営陣が事業体の構成員に権限と責任を割り当て彼らを組織し発展させる方法、取締役会の関心と方向性があげられており、これらをみると、そのいわんとするところが理解できるだろう。

「リスク評価」とは、まず事業体の各レベルにおいて整合性のとれた目標を設定したうえで、その達成に影響を与える外的・内的リスクを特定し分析することにより、これらをいかに管理すべきかを決定するための基礎を構成するものとされている。経済環境、業界状況、規制、業務環境は常に変化しているので、こうした変化に伴う特別なリスクを特定し対応するための仕組みが必要となる。

「統制活動」とは、経営陣の指示を確実に実施するための方針と手続であり、各種の承認、検証・照合、権限の分離など幅広いものが含まれる。

「情報」については、組織の構成員が、それぞれの職務を果たすために必要な情報を、適切な形式とタイミングで把握できる必要があり、情報システムはそのための報告を作成するものとされている。「コミュニケーション」は、こうした情報の流れだけでなく、より広い意味で、組織の上から下へ、下から上へ、横断的に有効に行われる必要があり、さらに、顧客や株主等外部の関係者との間でもまた必要とされている。

内部統制システムの機能状況についての「モニタリング」としては、日々の業務のなかで行われる管理活動、および別個に独立して行われる評価によって行われるものとされている。

COSOは2004年に、内部統制フレームワークを包含し発展させたものとして、全社的リスク管理（ERM）フレームワークを作成している。ERMは、「事業体に影響を与えうるイベントを特定し、リスクをリスク・アペタイトの範囲内に管理し、事業体の目的の達成を合理的に保証するために設けられた、事業戦略の設定において全社的に適用され、事業体の取締役会、経営陣、および他の構成員により実施されるプロセス」と定義されている。

内部統制が、事業体の経営の戦略的な方向性を所与のものとしたうえでその達成に向けて組織が機能しているか（あるいは逆に達成を阻害するようなことをしていないか）という観点で構成されているのに対して、ERMは、多くの不確実性に囲まれたなかでいかに事業体が経営戦略にあたりリスクを考慮するかという点をも含むより広いものとなっている。

したがって、内部統制における、業務、財務報告、法令遵守の３目的に、よりハイレベルの目標である「戦略」を加えた４つが、ERMの目的とされている。また、その構成要素としても、内部統制における５つの要素のほかに、「目標の設定」「イベントの特定」「リスク対応」が加えられている。

(3) 財務報告法制への取込み

米国では、2001年エンロン、2002年ワールド・コムと、大規模な不正会計の発覚と破綻が相次いだ。これを契機として、2002年に制定された企業改革法（サーベンス＝オクスレー法）では、企業が証券取引委員会（SEC）に財務報告書を提出するにあたって、経営者による財務報告にかかる内部統制の有効性を評価した内部統制報告書の作成が義務づけられ、また、外部監査人による内部統制の監査も義務づけられた。

他の諸国においても同様の制度の導入が相次ぎ、日本においても2006年に金融商品取引法において内部統制報告書制度が導入され、2008年度から適用されている。これは、経営者が財務報告にかかる内部統制の有効性について評価し内部統制報告書を作成すること、およびこの評価結果について外部監査人が監査することを義務づけているものである。

これらは、内部統制について、その発端ともいえる財務報告の分野における法制度への取込みであるが、一方、会社法上は法令遵守も含めた内部統制システムの整備として「取締役の職務の執行が法令及び定款に適合することを確保するための体制その他株式会社の業務の適正を確保するために必要な……（中略）……体制の整備」を、取締役会が取締役に委任することのできない重要な業務執行の一つとしてあげている。

ちなみに、会社法の分野においては、内部統制システムとリスク管理体制が同義のものとして使われることがある。ここでは、リスク管理という言葉は、COSO内部統制フレームワークで取り上げているような業務目的を阻害しうる要因たるリスクの管理というきわめて狭義のものとして使われており、ERMあるいは第２章で取り上げたような、企業の戦略の設定プロセスまでをも含めたものとはとらえられていないと解するべきであろう。

⑷　特色と限界

以上のように、内部統制は、そのカバーする範囲は業務全般である一方で、経緯としては、財務報告の不正事件への対応を発端とし、監査に携わる公認会計士が中心となって発展させ、財務報告の分野において制度化されている。

特色としては、

① 経営者を起点とし、経営者の意図するとおりに組織を機能させるためには何が必要かという側面が強く、経営者の意思決定・行動の適切性はいかに確保されるべきかという側面はあまりないこと

② 業務運営上の弱点を認識し向上させるための施策を検討するためのツールとしてではなく、内部統制が有効か否かを評価するための基準として発達していること

という面において、本書において「ガバナンス」として広くとらえている内容のうち一部分に絞り込んで制度化しているものととらえることができよう。

内部統制の限界は、こうした特色の裏返しでもある。COSO内部統制フレームワークでは、以下のような限界をあげている。

・内部統制はもともと能力のない管理者を良い管理者にすることはできない

・政策変更、競争相手の行動の変化、経済状況の変化には

経営者のコントロールは及ばない

・意思決定において判断を誤る可能性や単純なミスが大きな問題につながる可能性がある

・複数の者が共謀することで統制を逃れることができる

・経営者は内部統制システムを超越できる

・資源の制約、統制のコスト・ベネフィットを考慮する必要性がある

米国で、財務報告における内部統制報告書が法律上制度化された契機には、エンロン事件やワールド・コム事件のような不正会計事件があるが、これらの事件のような組織ぐるみで行われる不正に対しては、内部統制の力は発揮できない。

少々皮肉な言い方になるが、内部統制は、業務の有効性と効率性、財務報告の信頼性、法令遵守をいかに達成するか・向上させるかという観点から構築された制度というよりも、何か問題が発生したときに、経営者や監査人が、業務の有効性と効率性、財務報告の信頼性、法令遵守のためにやるべきことは十分やりました、うまくいっていると信じていました、と弁明することができるように何をしておかなければいけないかという場面で役立つ制度となっている。

もっとも、内部統制の概念やフレームワーク自体は網羅的につくられている。

一つ例をあげてみる。COSO内部統制フレームワークでは、統制環境が、統制に対する人々の認識に影響し、組織の気風

を決め、規律と構造を提供し、他のすべての要素の基礎をなすとしている。

たとえば、企業の経営者が、株式市場からあるいは高格付維持のために、高い収益をあげなければならないという強いプレッシャーを感じていたとしよう。この経営者が、それをそのまま組織の内部に向け、「販売目標未達は認められない」「何が何でも収益増だ」とプレッシャーをかけたならばどうなるであろうか。事務処理が追いつかないまま業務を拡大したり事務処理部門の人員を削減して営業部門に振り替えたりした結果、事務トラブルを起こすかもしれない（＝業務の有効性と効率性の欠如）。販売部門が取引相手先との契約が成立しないうちから見込みで成約したと報告してしまったり、不成立だった契約を成立したと報告してしまったりするかもしれない（＝財務報告の信頼性の欠如）。あるいは、強引な販売方法をとり法令に抵触するかもしれない（＝法令遵守の欠如）。

「業績第一」の強いプレッシャーがかかっている環境下においては、社内の各種の手続を飛ばしてしまうことも常態化するかもしれないし、同僚や他部門の行っていることに問題があるのではないかと気がついたとしても見て見ぬふりをするようにもなるだろう。むしろ、「清濁併せ呑んで業績をあげる」のが正しい社員のあり方であって、真面目に対処する職員は「会社としての目標を理解していない融通の効かない奴」と疎外されることであろう。

業績目標達成を至上とする経営姿勢が、組織の業務運営のゆがみを招き不祥事につながる例は枚挙にいとまがないところである。営業第一の気風が社内に満ち、それがトラブルの頻発につながっている企業において、トラブルが発生する都度、社内に「注意喚起」「内部規定の遵守」を求める文書を出してもなかなか改善されないであろうし、いずれ大きな問題を引き起こしてしまうかもしれない。一方で、経営者が、背後の要因として社内の雰囲気に問題があると気がつき経営としてのメッセージの出し方から見直せば、大きな問題につながる前にトラブルを減少させることができるであろう。

これが、まさに「統制環境」の問題であり、だからこそ、内部統制における経営者の重要な役割として、組織の気風づくりがあげられている。本質的な意味での「統制環境」の整備は、業務執行の向上に大きく資するし、また一方で終わりのない作業でもある。

しかし、財務報告の信頼性目的で内部統制報告書を作成する経営者がここまで踏み込んだ評価を行うかといえば、これは期待できない。財務報告にかかる内部統制の評価および基準を定めた企業会計審議会の意見書においても、財務報告の信頼性に関する統制環境の例として、「利益計上など財務報告に対する姿勢がどのようになっているか」「取締役会及び監査役又は監査委員会が財務報告プロセスの合理性や内部統制システムの有効性に関して適切な監視を行っているか」「財務報告プロセスや内部統制システムに関する組織的、人的構成がどうなっているか」をあげており、統制環境そのものというよりも、統制環境が他の要素にどのように影響したかを重視するものとなっている。

内部統制の特色と限界は、相当部分において、「内部統制」の定義そのものというより、その発展の経緯と使われ方によるものであり、本質的な趣旨に沿って活用すれば、先に述べた限界を超えて、組織の目的の達成・向上に資するものともなるであろう。

2 コーポレート・ガバナンス

(1) 経営者を縛る

さて、内部統制が、経営者を起点としてその意図するとおりに組織を機能させるための体系であるのに対し、コーポレート・ガバナンスは経営者の行動をチェックするためのものである。

コーポレート・ガバナンスについての理論的根拠の一つが、株主と経営者の間にプリンシパル・エージェント関係が存在することに着目したものである。本来株式会社を保有しているのは株主であり、経営者は株主のために日々の経営を行う立場にある。しかしながら、経営者が実際に株主の利益となるような行為をとるとは限らない。その一方で、株主が経営者の行動を監視し自らの利益にかなうように是正するのは非常に困難であるしコストもかかる。とりわけ、多数の株主がいる場合、個々の株主がわざわざ自分で経営者を監視しようとはしない可能性が高い。そこで、株主利益の観点から経営が適切に行われるよう経営者の行為をチェックする仕組みがコーポレート・ガバナンスであるという考え方である。

経営者の行動が株主の利益とならないケースとしては、自らの動機付けによって株主の利益とはならないような経営判断を行う場合もあろうし、組織を経営目的に沿って機能させるために十分な能力と注意深さを発揮できていないという場合もあるであろう。後者の側面からは、コーポレート・ガバナンスは内部統制の要素も含むこととなる。

企業、とりわけ大企業の経営者の無責任な行動が、他者の利益を大きく害することがあるのは、株主との関係には限らない。そこで、株主以外の利害関係者＝ステークホルダーと経営者との関係もコーポレート・ガバナンスに取り込む考え方もある。従業員は、ステークホルダーの典型例であり、欧州諸国においては、従業員代表取締役制度をはじめとする従業員を含めたコーポレート・ガバナンスの制度をもつ国もある。

「いや、企業の経営に利害を有する者は、従業員のほかにも、顧客、取引先、地域社会等々実に幅広い。それらのステークホルダーとの関係はどうなるのか」と考える人もいるかもしれない。実際に、コーポレート・ガバナンスはこうした幅広いステークホルダーをも考慮に入れるべきであるとする議論もある。

一方、コーポレート・ガバナンスは、経営者の意思決定・行動をチェックする広い意味での企業内のプロセスである。上記であげた株主・従業員以外の場合は、企業の経営におけるステークホルダーへの配慮は、企業行動を律する法的・社会的規範の問題、あるいは、企業が社会のなかで高い評価を得ることにより長期的な業績の安定・向上を図るための経営判断の問題として、言い換えれば、企業と外部との関係性の問題としてとらえたほうがわかりやすいことが多いと思われる。

さて、理論的な説明はさておき、実際にコーポレート・ガバナンスが議論される動機は、株主（および従業員）の利益の観点をはみだしている。

コーポレート・ガバナンスの議論は、企業の不祥事や経営破綻を契機に活発に行われるようになることが多い。

内部統制の項で、「米国で、財務報告における内部統制報告書が法律上制度化された契機には、エンロン事件やワールド・コム事件のような不正会計事件があるが、これらの事件のような組織ぐるみで行われる不正に対しては、内部統制の力は発揮できない」と述べた。これらの事件に対しては、経営者の監視という、コーポレート・ガバナンスの観点からのアプローチが必要であり、実際、これらの事件を契機に多くの国でコーポレート・ガバナンスに関する制度の見直し・強化が行われ、後に述べるOECD（経済協力開発機構）原則の改訂も行われている。

では、こうした動きは、「経営者の無責任な行為によって株主の利益が害されるから」という動機で行われたのであろうか。そうとはいえない。

一つの側面としては、「経営者と市場参加者の信頼関係の再構築」という面があろう。「第二、第三のエンロン、ワールド・コムが出るのではないか」と市場参加者が疑心暗鬼になる状態では資本市場の機能が発揮されないので、より強固なコーポレート・ガバナンスの仕組みをつくることで信頼を回復するという動機である。

さらに議論は、経営者と株主（市場）の関係という枠内にとどまらない。企業、とりわけ大企業の不祥事や破綻は株主（市場）にとどまらず、社会・経済全体に大きな悪影響を与えうる。したがって、経営者の無責任な行為で皆が迷惑を被ることのないよう、経営者や取締役等を会社のために誠実にフル稼働させるための仕組みとして、コーポレート・ガバナンスに期待が寄せられている。

OECDコーポレート・ガバナンス原則（1999年策定、2004年改訂）の前文は、こうしたさまざまな期待を反映している。少々長くなるが引用しよう。なお、本原則が定めている６つの原則は、（資料３－１）のとおりである。

「コーポレート・ガバナンスは、経済効率性を改善し、成長を促進し、投資家の信頼を高める上での一つの重要な要素である。コーポレート・ガバナンスは、会社経営陣、取締役会、株主及び、ステークホルダー（利害関係者）間の一連の関係に関わるものである。コーポレート・ガバナンスは、会社の目標を設定し、その目標を達成するための手段や会社業績を監視するための手段を決定する仕組みを提供するものである。良いコーポレート・ガバナンスは、取締役会や経営陣に、会社や株主の利益となる目標を追求するインセンティブを与え、有効な監視を促進するものであるべきである。一つの会社内や国の経済全体を通じて有効なコーポレート・ガバナンス体制が存在することは、市場経済が適切に機能するのに必要な程度に信頼を高めることの助けとなる。その結果、資本コストが低下し、会社が資源をより効率的に活用するよう促進されることで、成長が下支えされることになる」

ところで、一般には、会社の利益となることはひいては株主の利益になると考えられるが、この２つが相矛盾することはないのだろうか。

経営状況が非常に悪く、株価は超低迷、株主資本も実質的にゼロに近い、そんな経営危機に瀕している会社Ａを想定してみよう。Ａ社に対し、別の会社Ｂが、第三者割当増資と優先株の引受けによる支援を打診してきた。しかし、経営陣は、これを受け入れれば自らの退陣を求められることとなるのが明らかであるため、これを拒否し、一発逆転をねらって無謀な新規プロジェクトに乗り出そうとしている。この状況において、取締役会が、新規プロジェクトに反対し、会社継続のための数少ない選択肢となっているＢ社の支援の受入れの検

資料3－1 「OECDコーポレート・ガバナンス原則」(2004年)
より抜粋

1．有効なコーポレート・ガバナンスの枠組みの基礎の確保
コーポレート・ガバナンスの枠組みは、透明で効率的な市場を促進し、法の原則と整合的で、異なる監督・規制・執行当局間の責任分担を明確にするものでなければならない。
2．株主の権利及び主要な持分機能
コーポレート・ガバナンスの枠組みは、株主の権利を保護し、また、その行使を促進するべきである。
3．株主の平等な取扱い
コーポレート・ガバナンスの枠組みは、少数株主、外国株主を含む、全ての株主の平等な取扱いを確保するべきである。全ての株主は、その権利の侵害に対して、有効な救済を得る機会を有するべきである。
4．コーポレート・ガバナンスにおけるステークホルダー（利害関係者）の役割
コーポレート・ガバナンスの枠組みは、法律または相互の合意により確立されたステークホルダー（利害関係者）の権利を認識するべきであり、会社とステークホルダー（利害関係者）の積極的な協力関係を促進し、豊かさを生み出し、雇用を創出し、財務的に健全な会社の持続可能性を高めるべきである。
5．開示及び透明性
コーポレート・ガバナンスの枠組みにより、会社の財務状況、経営成績、株主構成、ガバナンスを含めた、会社に関する全ての重要事項について、適時かつ正確な開示がなされることが確保されるべきである。
6．取締役会の責任
コーポレート・ガバナンスの枠組みにより、会社の戦略的方向付け、取締役会による経営陣の有効な監視、取締役会の会社及び株主に対する説明責任が確保されるべきである。

討を求めるのは、経営陣の保身からくる行動をチェックするという取締役会の本来の役割であることは疑いのないところであろう。

では、同じような状況で、経営陣はＢ社の支援を受け入れることが唯一の会社継続の方策であると考え交渉入りをしようとしているが、株主のなかでは、「支援を受け入れて会社の業績が回復したとしても、持分が希薄化するうえ大量の優先株の存在によって普通株への配当はなかなか見込めず、既存株主にとっての利益につながらない。いまさら失うものはほとんどないのだから無謀だろうがなんだろうがかまわないので、一発逆転をねらって新規プロジェクトに賭けてみよう」という意見が有力であったとしたらどうであろうか。

株主の利益や意向を忖度《そんたく》し、支援受入れに反対し新規プロジェクトの検討を求めることが、取締役に期待される役割なのだろうか。それとも、既存株主の利益や意向は増資にかかる定款の規定や場合によっては株主総会での決議を通じて反映されるもので、取締役としては条件の決定等が公正に行われることを確保する以上に株主の意向を代弁することにとらわれる必要はなく、会社の継続によって従業員、取引先、顧客等多くの関係者の利益が守られることに鑑み、支援の受入れを支持し株主の理解を求めることが期待されるのであろうか。

理屈のうえで、コーポレート・ガバナンスのステークホルダーをどう定義するかにかかわらず、後者の行動を取締役に期待する人が多いのではないかと考えるがどうであろう。

⑵ 制度としてのコーポレート・ガバナンス

会社の機関に関する制度としてコーポレート・ガバナンスの中核をなすのは、取締役会である。取締役会は、会社の業務執行に関する意思決定を行うとともに、代表取締役をはじめとする業務執行取締役による業務執行を監督する役割を担う。

諸外国においては、取締役の一定割合が社外取締役（当該会社の業務執行に携わる者等ではない取締役）であることを求めている国も多いが、日本においては、社外取締役を置くことは義務づけられていない。取締役会のメンバー全員が自ら業務執行にあたっているのでは業務執行の監督という機能が十分発揮されないのではないか、社外取締役への説明や質疑応答を通じて取締役会の議論が活性化する（形骸化を防げる）のではないかといった観点から、社外取締役を置くことはコーポレート・ガバナンスの向上につながるとの議論もある。

また、業務執行の監督を実効的に行うために、取締役会のなかに社外取締役を中心とする監査委員会を設け会社の業務全般に関する監査にあたらせるという制度を採用する国も多い。日本においても、このような仕組みを採用することもできるし、また、取締役会とは別の機関として、監査役を選任し、監査役が取締役に対し報告するという仕組みをとることもできる。

さらに、企業支配権にかかわる取引の公正性や透明性の確保のための手続も、コーポレート・ガバナンスにかかる制度に含まれる。

(3) コーポレート・ガバナンスと金融危機

サブプライム・ローン問題、そしてそれを契機とした世界的な金融危機においては、金融機関の経営者がその本来期待される役割を果たしていなかったことが多くの局面で問題となった。そこで、金融機関のコーポレート・ガバナンスの観点からの議論が行われている。

ここで問題とされているのは、株主の利益ではない。金融危機に至る過程において、株式市場の参加者が、短期的な業績を極端に重視していたからこそ、取締役会もまた経営陣に短期の収益向上のプレッシャーをかけ、短期収益重視の報酬制度を定め、その結果、リスクを過小評価した経営につながった。たしかに、経営者の行動は長期的な株主利益を阻害するものであったが、これは株主の「自業自得」というべきものである。にもかかわらず、コーポレート・ガバナンスが議論されているのは、これが機能せず不適切な経営が行われた結果、経済・社会全般に大きな悪影響を与えたことをふまえたものである。

実際に、何をもって「コーポレート・ガバナンス」としているかには、大きな開きがある。

バーゼル銀行監督委員会は以前より、銀行のコーポレート・ガバナンスにおいては、その業務の特殊性のため、株主だけでなく、預金者、債券保有者、監督当局、政府もまたステークホルダーに当たるというアプローチをとっている。そして、同委員会が2010年に改訂した「コーポレート・ガバナンス強化のための原則」は、株主等の一般的な意味におけるステークホルダーが経営者を監視する仕組みとしてコーポレート・ガバナンスのあり方を論じるにとどまらない。経営者は何をなすべきか、さらには、リスク管理・内部統制として何をなすべきかについても、具体的に「コーポレート・ガバナンス強化のための原則」のなかで論じている。

これに対し、英国におけるいわゆるウォーカーレポート(「英国の銀行及びその他の金融機関におけるコーポレート・ガバナンスの見直し」2009年)は、コーポレート・ガバナンスの役割は株主のために経営の方向性を定め監視することであるとの立場を維持している。その内容もあくまで、経営を監視する仕組みを実効的に機能させるためにはどうすればよいかという観点に立ったものとなっている。

たとえば、外部取締役による監視の向上策(英国においては、金融機関の取締役の就任にあたり監督当局による承認が必要となっている。このレポートではそのための面接・審査の方法についての記述も含まれる）や株式市場の短期収益志向を緩和するための方策（具体的には機関投資家の行動を通じた株式市場へのより長期的な視野の導入の方策や短期利益に偏重した報酬制度の是正）などが取り上げられている。

コラム

コンプライアンス

内部統制やコーポレート・ガバナンスのように制度化されてはいないが、ガバナンスに関連する分野として、コンプライアンスがあげられる。

コンプライアンスとは何か、最も狭く定義する人は「法令遵守」であるというだろう。厳密な意味では法令でなくとも、業界内の自主基準や標準的慣行の類も遵守の対象とする人も多い。さらに広くとらえれば、ビジネスを行ううえで期待されている社会的規範すべての遵守がコンプライアンスとしてとらえられる。

どの程度広く定義するにしても、コンプライアンスは、「コンプライ」すること、すなわち何か外に存在する規範を遵守するものであるという点に特徴がある。ガバナンス、内部統制、コーポレート・ガバナンスにおいては、評価は外に存在する規範との対比で行うのではなく、自ら設定した目標との対比で行われ、また、組織運営上の目標の設定そのものもプロセスの一部をなしているからである。外部規範の遵守は、ここでは達成すべき目標あるいはその前提のうちの一つという位置づけになる。

顧客への対応を例として考えてみよう。コンプライアンスとしては、さまざまな顧客保護に関する法令や業界内の自主ルール・慣行、さらにその他の規範をいかに確実に遵守するかという問題となる。一方で、ガバナンス等としては、「顧客とどのような関係を築こうとするのか」「顧客からどのような評価を得たいと考えているのか」という目標を設定しそれに向けて組織全体をいかに動かしていくかという問題になるのである。

もっとも、コンプライアンスとガバナンスの関係は、単にコンプライアンスがガバナンス上達成すべき一要素となるというだけでは割り切れない。

一つには、たとえもともとは自ら設定した目標であったとしても、その目標に基づく行動が外部に受け入れられればそれが当然であるという期待を生み規範とみなすべき状態になることもあるということである。顧客との間で築いた関係、顧客から獲得した評価をもとにビジネス・モデルが成り立っているのであれば、その関係・評価から当然生じるであろう期待に即した行動をとることは、もはや、単に経営上自ら設定した目標の達成の問題ではなく、当該ビジネス・モデルを採用するからには遵守すべき規範にも転化すると解するべきであろう。

また、ガバナンスが失敗する際にしばしばみられるのが、その組織独特のロジックや力学にとらわれたがために、健全で合理的な意思決定・行動がなされないという傾向である。コンプライアンスの徹底——狭い意味での法令の遵守ではなく、ビジネスを行ううえで外部から遵守が期待されている規範は何であるかを意識し外の目で自らの行動を律すること——は、内部ロジックの沼にはまっていないかをチェックする有効な手段ともなるであろう。

第4章 ガバナンス失敗の背景

1 性弱説

(1) 性悪説vs性善説、そして性弱説

ガバナンスのための手続や組織のあり方について、たとえば、「不正が行われないようチェック手続を設けるようなことは、何も監視がなされないと従業員は不正を行いかねないという、性悪説に立っている」というような言い方がされることがある。そして、最近では少なくなったのかもしれないが、「日本の会社は、長期的な雇用関係のもと経営者と従業員の信頼関係によって成り立っている。日本の経営者は従業員に対して性善説で臨むべきであり、従業員が悪さをするのではないかと疑って監視するような性悪説に立った管理は日本にはあわない」という戸惑いが示されることもある。

実際に不祥事が発生するケースでは、関与した従業員は必ずしもはじめから不正を行う意図をもっているわけではない。もともとは、「いい業績をあげて会社の利益にも貢献したいし自分も認められたい」という単純な動機で取引を行う。しかし、不幸にして思うような成果があがらず逆に損失を出してしまったとき、「失敗しました」とはなかなか言いにくい、自分の失敗は自分で取り戻したい、もう一度チャンスがあれば

今度はうまくできる、誰しもそんな思いをもつであろう。第1章の冒頭にあげたトレーダーたちも、そうした心の隙から、損失を隠蔽し大きな取引をして、さらに傷口を広げてしまったのである。

損失の隠蔽や権限外取引ができないようにチェック手続を設けることは、従業員が悪者であると疑って監視をするという意味をもつだけではなく、こうした人間のもつ弱さから会社を、また当該従業員自身を守るためのものでもある。そこで、ガバナンスのための手続や組織のあり方は、性悪説・性善説ではなく、「性弱説」という視点で考えるべきといった言われ方がされる。現実にどのように不祥事が発生しているかを考えればこんなふうに考えたほうがしっくりくるケースも多いし、また、「経営者が従業員のことを疑って監視をする」という気まずさを感じずにすむため好まれる言い方である。

(2) より広く性弱説を考える

ガバナンスを考えるうえで、人間のもつ弱さが問題となるのは、いまあげたようなタイプの不祥事だけではない。なぜ、さまざまな手続や組織が必要となったのだろうか、また、なぜせっかくの手続や組織が期待どおりに機能しなかったのだろうか、と原因を考えていくと、人間の弱さによって意思決定や行動がゆがめられてしまうという点に頻繁に遭遇する。

人間の弱さとはどんなものか、順番も内容も整理されていないし、同じようなことを別の言い方をしているにすぎないものも交じっているが、思いつくままにあげてみる。

「過去行った判断が間違いだったとは認めたくない」「きっとうまくいくと信じたい、失敗するとは思いたくない」「上司と揉めたくない、気に入られたい」「同僚との友好関係を保ちたい、場の雰囲気を乱したくない」「人が喜ぶ顔をみるのは嬉しい、がっかりする顔をみるのはいやだ」「自分で経験したことがないことはどうも軽視してしまう」「悪い現実からは眼をそむけたい」「よくわからない先の心配よりとりあえず目先のことが重要」「忙しい、いますぐ困らないことは後回し」「一度思い込んだら疑ってみようとしない」「苦労してやったことを途中でやめたくない」「周りが皆そういっているのだからきっとそれが正しいよ」「面倒なことは避けたい」「叱られるのはいやだ」「よくわからない問題は後回し、やるべきことがはっきりしているところから手をつける」「事件の直後は気をつけたけれど、時間がたつにつれ記憶も薄れていってしまう」

ここまで、ガバナンスに関連するさまざまな局面を取り上げてきたが、多くの問題は、こうした、人間のもつ弱さの絡み合いから起きているのではないだろうか。そして、人間がこれらの弱さを克服できることを期待するのは非現実的であろう。ガバナンスを考えるうえでは、合理的で狡猾な人間をいかに組織の目的達成に資するように統制するかだけではなく、人間の抱えるさまざまな弱さが、意思決定や行動に及ぼす悪影響をいかに防ぐかという視点が重要になっている。

2 見えるものと見えないもの

(1) 可視化の功罪

ガバナンスを機能させるためには、業務運営や意思決定について承認、検証や照合などのさまざまな手続、職責・権限の分離、会議や組織について数多くの明文の規定が設けられ、議事録等の文書により記録が残される。リスク管理のところで触れた数値化もまたこうしたなかに取り入れられている。ガバナンスを機能させるため、こうした数多くのいわば「可視化」された仕組が重要な役割を果たしている。

このように制度化されることで、過去の経験から得られた教訓やノウハウは、一人ひとりの記憶を超えて組織として活かされる。また、外部で定められた基準やガイダンスを制度として取り込むのであれば、他の組織が経験した教訓をも自分の組織運営に活かすことができる。そして、時には、不正の防止・発見、あるいは、不正の意図はなくとも単純なミスの防止・発見に役立ち、また、時には、意思疎通の齟齬の防止に役立つなど、さまざまな機能を果たす。

また、「可視化」は、一人ひとりの人間が、先に述べたさまざまな「弱さ」に陥ることに対する歯止めとなる。客観的な数値、定型化された手続や文書化を経ることによって、人は、目をそむけたくなる事実に目を向けさせられ、また、あいまいにごまかしたくなる部分を明確にしなければならなくなる。また、情報の共有が容易になり、直接業務や意思決定に携わらなかった者にもプロセスがわかるようになるため、多くの者の目にさらされることによる直接・間接の効果もあるかもしれない。

一方で、「可視化」に必然的についてくる落とし穴が、これが充実すればするほど、みえないものはないことにしてしまう危険性が高まることである。リスク管理の項であげた「数値の自己目的化」もその一つである。本来、ガバナンスをうまく機能させるための一手段、あるいはうまくいっているか否かを判断するための一材料にすぎなかったはずのものが到達目標になってしまうわけである。

その結果、可視化された部分が完璧にみえることをもって問題は存在しないと判断してしまうという誤った安心感が生じたり、ガバナンスの向上を目指すというよりも説明責任を果たすためのアリバイづくりとして可視化された部分についてのみ熱心に取り組んだりという弊害が生じる。リスク管理の項でも取り上げたが、本来は、制度化された部分については個別の判断の負担を取り除かれるのであるから、その分、他の部分によりリソースを割くことが期待できるはずである。

だからといって、制度化・可視化を軽視していいといっているわけではない。料理について、「料理下手で悩んでいる人の多くは、自己流の目分量でつくっている。まず、料理本のレシピどおりに、材料・調味料を量り、タイマーをあわせ、温度を測ってつくってみればよい。レシピには多くの人の経験と知恵がこめられており、それを忠実に活かしたものは、結構美味しいものである」というアドバイスをよく目にする。そのうえで、小さな子供が「辛い」と食べたがらないのであれば、「これが正しい味なのだから食べなさい」というのではなく、唐辛子の量を減らせばよいだけのことである。

(2) 組織の風土・気風、カルチャー

さて、みえないものの典型といえるのは、組織の風土・気風、カルチャーであろう。

第１章では「コントロール・カルチャー」を、また第３章では、内部監査の「統制環境」のなかで、業績至上の風土の例を取り上げた。このように、組織のなかで共有されている価値観や行動様式は、しばしば実際のガバナンスに大きな影響を与える。

リスク管理をめぐっては、「リスク・カルチャー」ということがよくいわれる。単純な例を考えてみる。ある職員が、自ら取り扱っている取引に金融機関内部のリスク管理規定ではうまく把握できていない重大なリスクが潜んでいるのではな

いかと気がついたとする。この職員が、

① リスク管理部門や幹部に報告し今後の対応を相談、関連する他の役職員に問題意識を伝える

② 上司にいったら「後ろ向きなことをいっていないで成績をあげることを考えろ」と叱られそうなので黙っている

③ リスク管理規定にひっかからずにリスクをとって利益をあげることができる「ねらい目」と考え、その取引を拡大する

④ そもそもリスク管理はリスク管理部門の役割であるので他の業務の担当者が重大なリスクが潜むことに気づくということ自体がありえないし、たまたま知る機会があったとしても気にとめない

のどの行動をとるかによって、この金融機関の経営に大きな違いが生じることは想像に難くないところであろう。

これが、健全なリスク・カルチャーが醸成されているか否かの違いである。リスクをとることに慎重であることや保守的な態度をとることとは異なる。職員の一人ひとりが、リスクを自分のこととして考え感度を高めること、そして、それについて組織のなかで活発なコミュニケーションが確保されることを指している。

さて、組織の風土・気風、カルチャーを決定する重要な要因として、まず、トップの姿勢、トップが従業員に発しているメッセージがあげられる。ここでいうメッセージとは、「ト

ップの発言」として伝えられるものに限られるものではない。報酬、人事、業績評価などの制度や運用は、しばしばトップの発言以上に鮮明にトップのメッセージを伝える。

トップが、「お客様の満足を第一に。法令は絶対遵守」と再三訓示をしていたとしても、法令違反でしばしば警告を受け顧客からの苦情が絶えることのない営業職員が高い販売実績をあげたという理由をもって「優秀営業職員表彰」を受けるとしたら、従業員が受け取るメッセージは、「会社は手段を選ばず販売実績をあげることを期待している」であろう。

第2章で取り上げた、ワシントン・ミューチュアルでは実際こうした例がある。同行では、住宅ローンの実行実績の高い職員をハワイやバハマといったリゾート地に招待し、パーティを繰り広げる「プレジデント・クラブ」と呼ばれるイベントを、年1回開催していた。2005年、2006年には、当時詐欺的行為の疑いで調査を受けている最中であった職員も招待されている。こうしたイベントは、直接関係する職員に「何がなんでも契約実績をあげてプレジデント・クラブの参加者になってみせるぞ」という強いインセンティブを与えることはもちろんのこと、直接関係しない職員も含めた組織全体に「販売第一」というカルチャーを生み出す。

インセンティブとカルチャーに関連して、金融庁の金融検査事例集に以下のような保険会社(「損害調査業務部門」とあることから、損害保険会社と理解してよいであろう)の事例が掲載されている。

> 経営会議は、保険金不払い問題を受け、損害調査業務部門の全店表彰制度を見直し、第三者から見て不払いを助長するものと誤解される恐れがあるとの理由から、保険金支払単価等の項目を評価項目から削除している。
>
> このような経営方針が示されているにもかかわらず、損害調査業務部門だけは、全店表彰制度項目から削除された保険金支払単価等の項目を評価項目として取り入れた、部門独自の表彰制度を策定し、損害調査業務部門担当役員に了承を求めている。
>
> また、同役員も、全店表彰制度の見直しの経緯を把握していながら、部門独自の表彰制度は、表彰金額が小さいことを理由に、全店表彰制度と同等のものではなく、部門決裁で決定・運営できるとの誤った認識から、当社方針に反した部門独自の表彰制度の実施を了承している。
>
> このため、経営会議の意向に反した施策が、担当役員以下により実行されるに至っている。
>
> （金融庁「金融検査指摘事例集」2010年7月、99頁）

2006、2007年、多くの損害保険会社が行政処分を受けるに至った保険金不払問題に対する対応の実行状況に関するものである。金融検査事例集の記述はこれだけなのであるが、そもそも、この会社の経営会議は、どういう理由で全店表彰制度の評価項目から保険金支払単価等の項目を削除したのだろうか。

保険金支払単価を低く抑えることが表彰制度における評価項目となっていると、「損害調査業務部門の存在意義・使命は保険金支払額を低く抑えることにある」という意識を強め、本来支払われるべき保険金についても支払対象から外そうとするという行動につながるかもしれない。この会社ではそうした傾向がみられたのでこれを打破するため、あるいは現段階ではそうした傾向はみられないけれど予防のために全店表彰制度の改訂を行ったのであろうか。そうであれば、最大のキーパーソンであろう損害調査業務部門担当役員すら、その意図を共有していなかったということになる。これでは、現場には経営会議のメッセージは伝わらないだろう。

それとも、経営会議では、全店表彰制度の内容や損害調査業務部門の意識に特段の懸念を抱いてはいなかったが、「第三者からみて不払いを助長するものと誤解」されないために——早い話が、金融庁対策？　マスコミ対策？　として——全店表彰制度を改訂したのであろうか。そうであれば、外からは目立ちにくいであろう部門独自の表彰制度として保険金支払単価等の評価を取り入れたという担当役員の行動は、経営会議の意図をよくくみとったものだということもできよう。ただし、当然のことながら、そのような、建前と本音が分かれた一貫性のないメッセージを現場に発信していては、健全な組織のカルチャーの醸成は困難であろうという別の問題がある。

ところで、組織の風土・気風、カルチャーは、どこをみればわかるのだろうか？　「倫理憲章」「経営基本方針」と呼ばれるような文書、人事・研修制度、内部通報制度などに、組織の風土・気風、カルチャーが現れることは多いだろう。

しかし、これらを判断材料とするとなったならばどうだろう。可視化の及ばない要素の典型であったはずのものを可視化しようとするという矛盾が生じる。COSOの内部統制フレームワークが統制環境をすべての前提と置いているのは、きわめて当を得たものである。しかし、それを監査の仕組みに入れ、チェックリスト化するとなんだか変な話にもなってしまうのである。ただし、統制環境をゆがめるような偏った制度が作られているか否かのチェック方法としては、一定の効果を期待できるであろう。

なお、組織のカルチャーは「悪いカルチャー」「健全なカルチャー」というほど単純なものではない。良いカルチャーと思われていたものが、裏目に出ることもある。先の「業績第一」のカルチャーにしても、うまくバランスがとれていれば、「職員が積極的に工夫をこらして業績向上に励む活気にあふれる企業風土」と評されていたことであろう。そしてガバナンス上の問題の解決のためには、カルチャーにさかのぼりその改革に取り組まなければ本質的な解決ができないこともあるし、また逆に、特定のカルチャーが組織のなかに存在することを受け入れたうえでそれとバランスをとるための対策を考える必要があることもある。

(3) 集団的思考（groupthink）

組織の強みと思われたものが裏目に出る典型が、集団的思考（groupthink）である。集団的思考とは、凝集性の高い集団（一致団結した集団と言い換えてもいいかもしれない）が、それゆえに、ゆがんだ意思決定をしてしまう現象を指す。このようにいうと堅苦しいが、実際には、誰もが「あるある」と思うような現象である。

米国のアーヴィング・L・ジャニスは、以下のように類型化している。

第１類型　集団の力と倫理の過大評価

1．メンバーの多くが自分たちは不滅であるという幻想を抱き、過度に楽観的になり極端なリスクをとる。
2．集団独自の倫理観を疑念なく信じ込み、自らの決定がどのような倫理的な意味合いをもつこととなるかを無視する。

第２類型　閉鎖的意識

3．過去の決定を継続するにあたり、その前提を覆しかねない警告・情報を軽視するための理由づけを考えるべく集団全体で努力する。

4．敵は邪悪・間抜け・弱いといったステレオタイプ化された見方が形成される。

第３類型　均一性へのプレッシャー

5．メンバーは、集団内にある明白なコンセンサスに対し疑念や反論を感じてもそれをあまり重要でないと評価し自分限りのものとするという自己検閲が働く。

6．多数意見に一致する判断が全会一致であるという幻想が共有される（これは、「５」の自己検閲および発言がないことは賛同を意味するという誤った前提のために生じるという部分もある）。

7．集団が共有して抱いているステレオタイプ、幻想、コミットメントに反するような強い意見を表明する者に対しては、メンバーに期待される忠誠心に反するという直接的なプレッシャーがかかる。

8．集団の行った決定の効果や倫理性についての自己満足を損なうような情報が集団内にはいってくることを妨げる者が登場する。

さらに彼は、集団思考に陥った場合にみられる現象として以下をあげている。

①　代替案についての調査が不十分である

②　目標についての調査が不十分である

③　メンバーが好む選択肢に伴うリスクを検討しない

④　一度否定した代替案を再度検討することがない

⑤　情報収集に欠ける

⑥　すでにある情報の扱いにおいて選択的なバイアスがかかる

⑦　コンティンジェンシープランが準備されない

こうしてみると、なんだか、「和」を好み「空気を読む」日本の組織にぴったりのような気がするかもしれない。「ジャニスは、この研究にあたって、日本の○○と××の事例を詳細に分析している」などといわれても信じてしまいそうである。しかしながら、彼が研究の題材としたのは、真珠湾攻撃、朝鮮戦争、ベトナム戦争、キューバ侵攻作戦、ウォーターゲート事件などの際の、米国における意思決定のプロセスである。

日本人でなくとも、一致団結した集団は同じような傾向をもつものらしい。最近、組織を強化する方策として、多様性（ダイバーシティ）の確保が有用であるといわれることが多いが、これは、集団的思考の裏返しといえよう。コーポレート・ガバナンスの項で取り上げた社外取締役の意義もこの文脈で考えるとわかりやすい。

ジャニスは、たとえば「大統領のアドバイザリーグループ」といった集団が議論を通じて意思決定を行うプロセスに関するものとして集団的思考を分析している。しかし、集団的思考は必ずしも集団的な意思決定の場での議論のプロセスに限られることはなく、集団のメンバーが個々に行う行動や意思決定が、先にあげたような要因でゆがめられるという場面にも適用できる。

参考としてあげたIMF（国際通貨基金）の独立評価機関のレポート（133ページ参照）では、IMFが世界金融危機に対して警告を発することができなかった理由の一つとして、集団的思考をあげている。ここでも、特定の会議における意思決定プロセスとしてではなく、個々のIMFスタッフの判断や行動のレベルにおいて集団的思考の要素が現れている。

世界金融危機に至る過程において、なぜ問題点や兆候が見過ごされてきたかについては、このIMFレポートをはじめ、しばしば集団的思考の存在が指摘されている。その多くは、ジャニスの行ったような特定の意思決定プロセスの分析としてではなく、組織（金融機関、監督当局、政策当局等）内に「金融機関の自己規律と市場規律によって金融システムの安定化が図られる」「金融技術の高度化によりリスクは分散され金融システムは安定的なものとなった」という考え方は当然に正しいという意識が蔓延し、個々のメンバーの判断がゆがめられていたという文脈で使われている。時には、特定の組織ですらなく、金融機関・当局さらには経済学者・エコノミストも含めた金融関係者全体が、「金融技術の発達により市場は洗練され、金融システムは安定している」という思い込みにとらわれていた姿を集団的思考と表現するような使われ方もなされている。

3　ゆがみが現れるとき

(1)　サイロ（タコ壺・縦割り）化と「点と点を結びつける」

ガバナンスの失敗の要因として、組織内のあちこちに点在している情報をあわせれば、重要な結論に至ることができたにもかかわらず、組織内の各部門がサイロ（タコ壺・縦割り）化していたため、これが障壁となってせっかくの情報の「点と点を結びつける」ことができなかった、ということがあげられることがある。

サイロ化の典型的な原因をあげてみよう。

①　各部門が高度に専門化しているため、他の部門がもっている情報に関心がない。他の部門のやっていることを、自分には理解できないと思っていたり、見下していたりする。

②　それぞれの実情にあわせた創意工夫が可能となるよう、また、多様な業務を柔軟に展開できるよう各部門の独立性・独自性を尊重している。

③　部門間が業績を競い合う関係にある。互いの縄張り意識が強い。

こうしたことが時には、「複数の部門が同じような問題意識に基づく業務を行っていながら情報を共有できなかったために判断を誤った」「他の部門のもつ情報に思うようにアクセスできなかったため（あるいは他の部門のもつ情報にアクセスし、活用しようとしなかったため）に判断を誤った」という結果に結びつくわけである。

①〜③であげたような組織運営自体は、意図的に行われることも多い。特にある程度の規模の組織ともなれば、組織の能力を高めるためには各部門の専門性の向上が不可欠ということは多いであろうし、各部門の独自性を尊重することで組織の活性化や柔軟でスピード感のある対応をねらう、あるいは多様化することで経営上のリスクを分散させるなどを考えることもあろう。また、高い成果をあげるために業績を競わせるということもよくある話である。そうした要請が、サイロ化の弊害に結びつかないよう常にむずかしいバランスが求められることになる。

2001年の米国の同時多発テロ（9・11）事件をめぐっては、米国の複数の情報機関が得た断片的な情報を適切に共有できなかったために、アルカイダによる攻撃の兆候を見落としたということが、典型的なサイロ化現象として指摘されている。しかし、一方で、9・11事件前は、複数の情報機関が独自に活動しているからこそ、複数の情報源と多角的な視点が期待できると思われていたという。良かれと思ったことが裏目に出ているわけである。

ところで、サイロ化は「点と点を結びつける」うえでの障害になるが、逆に、「点と点を結びつける」ことに失敗したことを、すべてサイロ化という説明で片付けてしまうのは当を得ていないといえよう。

非常にオープンな組織で、障壁がまったくなく、組織内のすべての情報にすべての構成員がアクセスできると仮想しよう。すでにある問題意識をもっている人がいるのであれば、その人が問題意識に従って、点在する多くの情報を結びつけ的確な結論を導くことができるであろう。しかし、もともと問題意識が存在していないところで、点在する情報が自然と引き寄せ合って、人間に対して「ここに問題がありますよ！」と主張してくれるわけではないのである。

このようなことは、大きな組織であれば当然のことであるが、少人数の集団であっても、「点と点を結びつける」ことは困難であるという研究がなされている。４人といった少人数の集団に対し、個々のメンバーが、他のメンバーも知っている情報（共有情報）と他のメンバーは知らずに自分だけが知っている情報（非共有情報）をもっている状態にして討論をさせたらどうなるか？　メンバーはお互いのもつ非共有情報を共有して結論を導き出すのではと想像するところである。しかし、実際には、メンバーは非共有情報に比べて共有情報を取り上げて討論する機会がはるかに多く、非共有情報を十分に共有し、討論し、分析することをなおざりにする結果、集団による問題解決の有効性が失われるという[5]。

ちょっと意外な感じもするが、私たちが他人と話をするときにどのような話題を取り上げやすいかを考えると、意外ではないことに気がつく。共通して知っていることについて互いの意見や感想を述べ合ったり、相手がある程度の基礎知識をもち関心がある事項について自分の知識を提供したりということが多いであろう。逆に、相手が興味をもっていないこと、相手がよく知らなくて、一から説明しなければ理解されないようなことを、話題として取り上げることはまずない。

会議を通じて非共有情報の共有化を図り、新たな問題意識につなげたいというのであれば、参加者はお互いに、他の参加者が関心をもたず基礎知識が不足しているためよく理解できないであろう情報を積極的に話題として取り上げ、自分が関心をもたずよく理解できない話題について強い好奇心をもって耳をかたむけるという、相当意図的な努力をしなければならないのである。

ここで一つ例をあげてみる。

金融審議会「我が国金融・資本市場の国際化に関するスタディグループ」は、わが国金融・資本市場の国際金融センターとしての魅力をさらに向上させていくという観点で、2007年1月から議論を行い、同年6月に論点整理を発表して

5　マイケル・A・ロベルト『なぜ危機に気づけなかったのか？』(英治出版)による。

いる。その議事録は金融庁のウェブサイトに掲載されている。

その検討の過程において、２月には「国際化のベンチマークとして考えられている海外市場の状況は過剰流動性のなかで相当バブル化していて、サステイナブルなものではないことを念頭に置く必要がある。今後、極端に高株価を追求する経済社会への反省が多分あらゆる国で起きてくるのではないか。いまいわれている市場の国際競争力は、米国のインベストメントバンクがいかに仕事をしやすいかということが基準となっている。以上をふまえ当面まず考えなければいけないのは、危機管理をどのように整備しておくかということである」という趣旨の主張――いま振り返れば実に的確な指摘である――が、外部有識者よりデータを示してなされているが、この点については議論すらほとんどされていない。

また５月には、クレジット市場について取り上げ、日本ではなぜ欧米のようにクレジット市場が発展しないのかという観点から議論がなされている。そこでは、一般的な信用リスク移転の手段としてのクレジット市場を中心として議論を行っており、当時の欧米におけるクレジット市場の急成長が、サブプライム・ローンやLBOファイナンスを原債権とするABSやCDOの発行、それらおよびその指数に対するCDS、CDOとCDSの複合商品等々の開発とトレーディングを大きな要因としていることには誰も触れてはいない。ましてや、欧米金融機関のなかでは、これらのビジネスに対する姿勢を慎重に転じつつあるものが増えつつあることなど話題にのぼらない。

情報は、関心の範囲内でしか共有されないことがよくわかる。

時に、「点と点を結びつける」の失敗をすべて「サイロ化」と呼んでいることもある。しかし、もととなる問題意識がありながら組織の障壁により情報の有効な共有が図られないという純粋な意味での「サイロ化」と、もともと点と点を結びつけるような問題意識が存在していなかった場合とは区別して考えるべきであろう。

前者については、組織の障壁を越えた情報フローの確保によって対応できる。しかし、後者については、それだけでは対応できない。「点と点を結びつける」という人間の意識に基づく行為をいかに組織運営のなかに取り込むのか——たとえば、過去の経験から統合して分析することが有効と思われる情報は業務フローのなかで共有されやすいようにする、潜在的な問題意識も含めて幅広い関心に基づく情報発掘作業を意図的に行う——が重要となる。

⑵「成功」

大きな不祥事・損失が発生したとき、そのもととなったのは、それまで群を抜いて成功している部門（個人）であったというケースはしばしば生じる。そのため、よく「業績が良いところこそ気をつけろ」などといわれる。実際には、いくつかの異なるルートで、成功は失敗を導いている。

一つのルートは、そもそも、群を抜く成功と思われていたものが、まやかしであったというものである。

第1章で取り上げたトレーダーたちは、問題の発覚までは抜群の成績をあげていると思われていた。しかし、その成績そのものが偽りであった、いわば成功そのものが偽装されていたわけである。

あるいは、第2章で取り上げた銀行がサブプライム・ローン問題が深刻化する以前に示した業績の拡大や収益の向上は、それ自体は、偽装工作によるものではない。しかしながら、その背後で、実は大きなリスクをとっていたのであり、真の成功とは言いがたいものであった。

もう一つのルートは、群を抜く成功をあげたということが失敗への道につながるというものである。これは、第一のルートであるまやかしの成功と同時に生じている場合も多いが、最初の成功が真の成功であったとしても発生する。

抜群の成績をあげている部門や個人に対しては、それがゆえに、他の部門からのチェックが甘くなりがちである。おかしいと思っても好業績をあげている部門（個人）に遠慮して言い出さない、せっかく好業績をあげているのに周りがあれこれ口を出し萎縮させてしまって「角を矯めて牛を殺す」ことになると懸念する、「どうもあそこのやっていることはよくわからない……」というときに「そういう特殊なスキルを発揮しているから高い業績をあげているのだ」と好意的に解釈してしまい「妙なことが起きているのではないか」という疑念を抱かない、等々である。

また、抜群の成績をあげた側においても、そのことが自信過剰や強気につながりがちであるとともに、高い業績を維持しなければというプレッシャーがかかり、それがリスクの軽視や不正につながることもある。

ゆがみが現れるときとして「成功」を取り上げるというのは、おかしな言い方かもしれない。しかし、成功と失敗は紙一重である。

コラム

IMF IEO報告書

IMFの独立評価機関IEO（IMFの政策・活動について、IMFのマネジメントやスタッフから独立して評価を行う機関）は、2011年に「金融経済危機に至るまでのIMFのパフォーマンス――2004～2007年のIMFサーベイランス」と題する報告書を公表した。「IMFサーベイランス」とは、各加盟国経済・世界経済の状況を調査・分析し、進行しつつあるリスクや脆弱性の増加について、加盟国に対して警告を発し、政策のアドバイスを行う活動である。この報告書は、金融危機の発生に至るまでの過程において、IMFがどの程度、世界の金融システムのリスクや脆弱性を認識し、それについて警告を発していたか、十分な役割を果たせなかった要因は何かを分析したものである。

この報告書によると、2004～2007年の間IMFは、①「世界金融安定性報告（GFSR)」と題される定期的なレポートなどでは後に金融危機の要因となるようなリスクや脆弱性についての指摘をしていたが、②一方で、「世界経済は総じて順調」というのが当時のIMFの主たるメッセージであり、リスクや脆弱性の指摘はこの陰に隠れ、③米国・英国との協議では、GFSRが指摘したようなリスク・脆弱性について議論はあまりなされないまま、両国の政策を受け入れ、むしろ金融の革新をもたらすものとして積極的な評価を行っていた。

IEO報告書は、IMFサーベイランスが、十分な警告を発することができなかった要因を、①分析面の弱点、②組織上の障害、③内部ガバナンスの問題、④政治的制約の４つの側面から論じている。組織のガバナンスの失敗の背景を整理したものとして興味深いので、その内容をかいつまんで紹介する。

１．分析面での弱点

(1)　認識上のバイアスをもたらした要素

・集団的思考

IMFスタッフは、マクロエコノミストという同質性の高い集団であり、①市場規律と自主的統制があれば金融機関の重大な問題の発生は防げる、②先進国では「洗練された」金融市場が最低限の規制のもとで安全に発達し危機は発生しない、という考え方を共有していた。

・知的虜（intellectual capture）

英米の中央銀行等は、多くの優秀なエコノミストを擁し、また、自国の金融機関のデータや金融市場に関する知識も豊富であり、IMFスタッフは、こうした当局の見解に反する意見を述べることは居心地悪いと感じていた。

・確認バイアス

IMFスタッフは、当時IMFが世界経済の安定にとっての主要な懸念材料としていた世界的不均衡とドルの無秩序な下落に注目し、他のリスクを示す事象を無視した（「確認バイアス」とは、人が自分の期待に一致する情報には気づくが期待に反する情報は無視する傾向があることをいう）。

(2) 分析手法に関する要素

・マクロ経済と金融セクターを関連付けた分析の不足

・不適当なマクロ経済モデルへの依存

主に使われていたのは動学的確率的一般均衡（DSGE）モデルであったが、これは、資金市場と資産市場をごく初歩的な組み込み方しかしていなかった。現在モデルの高度化に取り組んでいるが、より大きな問題は、モデル化するには複雑すぎる現実の経済環境を分析するにあたって多くのエコノミストがモデルに依存しすぎた点にある。

・バランス・シート分析の活用の不足

・ストレス・テストの限界

銀行システムの健全性の判断に利用されたストレス・テストは、ショックが発生したときの一次的影響はとらえられるが、二次的影響や流動性ショックの影響はとらえられない。こうした限界を明示的に議論していないため、ストレス・テストが自己満足にすぎないものになった。

2．組織上の障害

IMFの業務運営が、サイロ化し、情報共有がなされなかった。これはさまざまな局面でみられる。

たとえば、各国のサーベイランスにあたる地域別部門のスタッフは、そもそもGFSRをほとんど読んだことがなく、GFSRでは金融危機につながるリスクや脆弱性を指摘していたにもかかわらず、これについて各国のサーベイランスでは議論されていない。地域別部門のマクロエコノミストは金融セクターの専門家を評価せず、両者の間に「文化の衝突」が生じることもあった。

また、IMFには、外部の調査を参考にしようとしないという「島国根性」があり、金融市場のリスクを指摘していた外部のアナリストの分析を参考にしなかった。

3. 内部ガバナンス

IMFのスタッフは、一般的なIMFの見解と一致するような見解を示すインセンティブをもつ。たとえば、周囲の意見に強く反対すれば自分のキャリアを台無しにしてしまうのではないかと心配である。また、周囲と同じことをいっておけば、たとえそれが間違っていたとしても後で非難されることはない。

とりわけ大国のサーベイランスにあたって相手国の当局と意見が対立した場合に、IMFの上層部はスタッフを支持しないだろうと思われているため、スタッフには「力のある者に対して真実を語る」ことを避ける強いインセンティブが働き、分析は各国当局の政策を支持する方向に傾く。

さらに、サイロ化やインセンティブの問題とも密接に結びつく問題であるが、ヒエラルキーの厳格な組織であるIMFでは、縄張り争いが激しく、このことが、組織内の協力・共同の障害となった。

4. 政治的制約

各国の政治的な圧力が直接サーベイランスに与えた影響は明確ではないが、IMFスタッフが政治的圧力を懸念し、主要国に対してはあまり批判的なことはいわないように自己検閲を行う。

第5章 ガバナンスの失敗は防げるか

1 ダイナミックなプロセスとしてのガバナンス

(1) PDCAサイクル

組織があたかも一つの生物のように機能している完璧なガバナンスを構築するというのは、およそ現実的な目標とはいえない。問題点を見つけては修正していくことで、ガバナンスの欠陥が大きな失敗につながることを防ぐしかないというのが現実的な対応である。

では、どこに問題があるかはどうすればわかるのだろうか。

一つのアプローチは、機械を分解して、一つひとつの部品が正常かどうか、設計図どおり組み立てられているかどうかを検査するような方法である。すなわち、適切なガバナンスとして求められる事項を充足しているかどうかチェックするという方法である。これは基本的な欠陥があるような場合には有効であろうが、網羅的に行おうとすれば膨大な作業となるうえに、このような方法で確認できるのは可視化された部分にすぎず、実際にガバナンスが機能しているか否かを確認する方法としては、必ずしも有効とはいえない。第1章の例であげたソシエテ・ジェネラル事件やUBS事件のように、一見十分な仕組みが構築されているようであってもうまく機能していないということはいくらでもある。

むしろ、実際に何が起きているかをよく観察し、そこから、ガバナンスがうまく機能していない部分を見つけ修正していくことが重要である。方針を決定し（Plan）、それを実施に移し（Do）、その実施状況を評価し（Check）、必要に応じ改善をくわえる（Action）というPDCAサイクルを確立させることである。

PDCAサイクルは、組織全体として戦略を決定しそれを実現するというハイレベルのものから、組織内の一部門が与えられた目標・直面する課題にどう対応するかというレベルのものまで、幾重にも階層的に存在しうる。

「実施状況を評価し改善を加える」とは、方針がきちんと実施されているか、すなわちDがうまくいっているかという観点から行われるものに限定されない。そもそも方針が的確なものではなかったのではないか、決定当初とは状況が変化したためもはや現在の方針が適当とは言えなくなってしまっているのではないか、というPのレベルについての観点も必要となる。

金融検査事例集から例をあげてみよう。

（規模・特性等）

- 信用金庫及び信用組合
- 顧客情報漏えいが繰り返し発生し、発生件数も増加しているなど、リスクは増大傾向にあり、顧客等に及ぼす影響度は大きい。

【検査結果】

コンプライアンス委員会は、前回検査において「顧客情報管理が不十分である」との指摘を受けている。このため、リスク管理統括部門を中心に顧客情報漏えいに関する調査委員会を設置している。

しかしながら、同委員会は、前回検査の指摘対応について、同委員会の機能発揮が依然として不十分であるほか、顧客情報漏えいに関する調査委員会等に対し適切な指示を行っていない。

このため、顧客情報の漏えい防止に対する取組が不十分であり、顧客情報の漏えい事案が繰り返し発生しているなど、以下のような問題点が認められる。

・　顧客情報の漏えい防止への対応として、コンプライアンス委員会は、文書の誤発送に関する前回検査の指摘を踏まえ、担当部署である総務部門に文書発送時の具体的手順を定めた通達を発出させているほか、統括部署であるリスク管理統括部門にコンプライアンス自主点検の際にモニタリングを行わせることにより、改善を図ったとしている。

　しかしながら、コンプライアンス委員会は、各種の報告を受けることが中心となっており、顧客情報の漏えい事案に関する再発防止の取組について、十分な評価を行なっていないため、問題点の現状を把握していない。また、調査委員会においても、融資関係書類等の紛失事案が繰り返し付議されているにもかかわらず、原因分析が「営業店の書類管理が不十分」といったものにとどまり深度ある検討を行っていないほか、担当部署による再発防止策の有効性を確認していない。

このため、営業店において、依然、不十分な検証に起因する文書の誤発送等が繰り返し発生しているほか、今回検査期間中にも、顧客情報の紛失等が発覚しており、中には、内部監査で指摘を受けるまでリスク管理統括部門へ報告していない事案も認められる。

・　顧客情報漏えい発生時の報告について、リスク管理統括部門は、前回検査の指摘を踏まえ、重大な事故等の発生及び、その疑いを認めた場合は直ちに本部報告を行うよう通達を発出し、改善を図ったとしている。

しかしながら、営業店において、担当者が融資関係書類の紛失を認識してから１年以上経過後に本部へ紛失報告を行っている事例が認められる。

また、当該事例については、内部監査で本部への報告遅延を指摘されているにもかかわらず、調査委員会は、債権管理上の問題に主眼を置き、報告が遅延した原因や再発防止策の実効性について審議していない。

> このため、その後も、営業店において自己査定結果のリストを含む顧客情報の漏えいに際し、営業店長が本部報告や事後対応を怠り、漏えい発覚から本部報告まで1ヶ月以上を要している事例が認められる。
>
> （金融庁「金融検査指摘事例集」2010年7月、36～37頁）

文書の誤発送や紛失というミスによる顧客情報の外部への漏えいが繰り返し発生している事例である。発生の原因を「営業店の書類管理が不十分」と分析しているようだが、これだけでは、文書の誤発送や紛失が繰り返し発生しているという状態を言い換えているにすぎない。有効な改善につなげるためには、もっと意味のある原因分析が必要となる。この検査結果では、何が実際に問題であったかまでは踏み込んで触れていないが、原因がどこにあるかによって、改善策のレベルもまた変わってくるであろう。

Dのレベルでの改善策が必要となるかもしれない。たとえば、営業店に対し顧客情報漏えい防止策を示した通達の発出を行っているが、一方的な通知では十分理解されておらず、臨店指導・研修によるよりきめ細かい対応が必要なのかもしれない。あるいは、「営業店の書類管理が不十分」という点について、営業店で一般的に行われている書類管理の事務フローにミスを誘発しやすい点があり、その点の改善も含めた指示が必要なのかもしれない。

Ｐのレベル、すなわち「顧客情報管理の向上」という問題設定の仕方を見直す必要があるのかもしれない。たとえば、ベテラン職員の退職や人員削減によって事務処理能力が低下したためにミスが続発している、または、事務量が急速に増加し事務処理能力を大幅に超過したためミスが続発しているのかもしれない。そのような状況のもとで、いくら顧客情報管理の向上のための対策を講じても効果があがらないであろう。あるいは、たしかに顧客情報漏えい事件はなくなるかもしれないが、他の部分にしわ寄せが及んで別の重大トラブルを引き起こすかもしれない。この場合には、取り組むべき課題を「顧客情報管理の向上」から「事務処理能力の向上」へ置き換える必要がある。

ここで、第２章で取り上げた、許容リスク量を超過した地域銀行の事例（64ページ）を思い出してほしい。

この件を、リスク許容量を超過したにもかかわらずリスク削減策をとらないまま放置したために「リスク資本配賦運営」が本来の趣旨どおり実施されなかったというDのレベルの問題としてとらえれば、「許容リスク量を超過した場合の対応ルールをより明確化しなければならないのではないか」「急激なリスク量削減が困難な場合があることを念頭に置いたきめ細かなルールが必要ではないか」などが検討の俎上にのぼるのであろう。

一方、「リスク資本配賦運営」は、地域における商業銀行業務に特化した自行のビジネス・モデルとあわなかったというＰのレベルの問題として考えるのであれば、リスク管理の基本方針の再検討を行う必要が生じる。

また、同じく第２章で取り上げたRBSの事例では、サブプライム・ローンの再証券化（CDO組成）ビジネスに本格的に乗り出して間もなく、スーパーシニア・トランシェを投資家に売却することができないという事態に直面している。AAAの格付さえとっていれば喜んで購入してくれる投資家は、いなくなりつつあったのである。成長戦略を決定した時とは明らかに市場環境が異なっていることに気がついているにもかかわらず、同行はそもそも成長戦略に問題があるのではないかというＰの議論に結びつけることができなかった（42ページ）。

経営陣自身が、常に批判的な目で方針や計画を見直す姿勢をもたない限り、本来Ｐのレベルの課題でとらえるべき問題であっても、Ｄのレベルで取り上げられてしまいがちとなる。Ｐのレベルでとらえるということは、方針・計画を経営陣に提案した部署からすれば「以前提案した方針・計画は不適切なものでした」ということになってしまうし、仮にそれが経営陣の強い思い入れがある方針・計画であれば「うまくいかないのは実施方法が悪いからではなくて、方針・計画自身に問題があるからです」などとはなかなか言い出せない。

⑵ 「ひやりはっと」の精神

安全対策などで「ヒヤリハット事例」という言葉を聞いたことはないだろうか。労働災害の分野で、一つの重大事故の背後には、29件の軽微な事故があり、その背後には300件の「ひやりとした、はっとした」が事故には至らずにすんだ事例があるという分析（ハインリッヒの法則）をふまえ、事故には至らなかったものの「ひやりとした、はっとした」事例を積極的に集め、その教訓を活かして改善策を講じたり注意を喚起したりすることで、事故の発生を防止するという考え方である。

ガバナンスについて、1：29：300のハインリッヒの法則が当てはまるかどうかはさておき、幸いにして大きな問題にはならなかったものの正常とはいえない出来事について、その原因や類似のより深刻な問題が発生する可能性を分析することで、ガバナンス上の問題点を特定し改善することができる。

本書の冒頭で取り上げた、ベアリングズ事件に当てはめて考えてみよう。この事件では、リーソンは隠し口座用の証拠金として必要な資金を顧客勘定用の証拠金という名目でロンドンの資金部門から送金させていた。ロンドンの資金部門において送金要請を実際の顧客勘定と照合していれば、このようなことは不可能であった（8ページ参照）。

では、送金と背後にある顧客勘定その他の取引との照合を行わないことによる問題は、それまで生じていなかったのであろうか？　過去、シンガポール以外の拠点・部門との間でちょっとした齟齬が生じたけれど、大した額ではなかったのでその後補正できたというようなトラブルはなかったのであろうか？　もし、そういうトラブルを積極的に認識し、改善策として定期的な取引の照合手続を導入していれば、リーソンの不正はもっと小さいうちに発覚したであろう。

もう一つ事例をあげる。以下は、ある損害保険会社に対する行政処分についての金融庁の記者発表資料からの抜粋である。

> ⑷　顧客の名前の印鑑の大量保有等
>
> 当社の複数の支社及び代理店において、顧客の名前の印鑑を大量に保有しており、当該印鑑を不正に使用して、顧客に無断で契約の継続処理等を行っている事例（23件）や顧客の最終意思を確認しないまま保険申込書や保険金請求書等に押印している事例（2,947件）が認められた（前述の23件は、保険業法第307条第１項第３号に違反）。
>
> （中略）
>
> さらに、顧客に無断で行った契約の継続処理等に係る苦情は以前より当社の苦情案件の上位を占めており、印鑑の不正使用等が行われていることを認識していたにもかかわらず、顧客の名前の印鑑の保有に係るリスクが重大な問題

であるとの認識が欠如していた。このため、個別の苦情対応にとどまり、実態把握のための徹底的な調査や不正使用防止のための実効性のある対策を講じていない。

損害保険会社やその代理店が、顧客名の印鑑を保有し、それを用いて顧客の書類を勝手に作成するということが大々的に行われていたというものである。こうした不正は、勝手に書類を作成された顧客からの苦情というかたちで表面化はしていたが、個別の苦情に適宜対応することによって、大きなトラブルとなるまでには至っていなかった。仮に、個別の顧客については大きなトラブルにならなかったにしても、その時顧客名の印鑑の不正使用という問題について検討していれば、もっと早い段階で是正できた問題である。

⑶ 責任追及 vs 再発予防

突然話は変わるが、待ち合わせ時刻をめぐるトラブルを想像してみてほしい。

a さん：約束の13時を30分も過ぎているけどどうなっているの？

b さん：え？　3時じゃなかったの？

a さん：13時ってきちっといったよ。

b さん：そんな……、普通、13時じゃなくて1時っていうもんじゃない？

ａさん：午前・午後の誤解が生じないよう、私はいつも24時間制で話しているよ。

ｂさん：誤解っていったって、誰も午前１時だと思うはずないじゃない。

２人は相談し、今後ａさんはｂさんに待ち合わせの約束はメールで連絡することにした。

今後はａさんがｂさんに対してメールで連絡することにしたからといって、今回のトラブルがａさんの不注意によって発生したといっているとは、誰も思わないだろう。ａさんの言い方が悪かったのかｂさんの聞き方が悪かったのかなどという責任追及はさておき、また、口頭で連絡したａさんが悪いのか確認しなかったｂさんが悪いのかということは問わずに、再発予防として今後はメールで連絡することとするのは、ごく当然かつ的確な対応であると感じられることであろう。

「PDCAサイクル」「ひやりはっと」の精神でガバナンスを向上させるためには、このケースのように責任追及と再発予防を切り離して考えることが重要である。「誰がいけなかったか」という観点ではなく、「同様の事件の再発、さらにはより深刻な問題の発生を防止するためには何を改善することが必要か、効果的か」という観点から、真の原因究明と対策の検討が必要となる。

この区別をあいまいにしていると、再発防止のために真の原因を究明しようとしても、当事者がそれぞれ自己の立場の防衛に走ってしまいなかなか正しい情報が集まらなかったり、トラブルの責任をあれこれ追及されることをおそれて小さなトラブルがあっても当事者のなかでもみ消してしまったりということにつながる。

起きてしまったことについて、「ああしておけばよかった、こうしておけばよかった」ということは、「後知恵」と呼ばれ、あまり格好の良いものではない。いくら再発防止のための原因分析であって個人の責任を追及するものではないといわれても、当事者にとって気分の良いものではない。余程の大事件でも起きたのならばまだしも、大したことなくすんでいるのにそこまでするのか……と感じることもあろう。問題となった案件に直接かかわりのなかった部門からすれば、「他の部門がチョンボをしでかしたのになぜ自分たちまで巻き込まれるのか……」と不満も出てくるだろう。しかし、「PDCAサイクル」「ひやりはっと」の精神とは、「後知恵」を将来に向けての「教訓」に転化させるという「後知恵の薦め」である。

2 経営陣の役割

(1) 経営陣の役割とは[6]

ガバナンスを有効に機能させるためには、経営陣の役割が重要であることは、あえて説明するまでもないであろう。もちろん、さまざまなレベルの役職員がそれぞれの役割を担うわけであるが、適切に役割が定められかつ執行されることを確保することが経営陣の役割なのだから。

といって、経営陣がすべての役職員の行動を熟知し、コントロールできるわけがない。だからこそ、ガバナンスが問題となっているわけである。

a　経営陣は問題が発生していることを知りながら適切な対応策をとらなかった

b　経営陣は問題の発生を疑わせるような情報を知りながら適切な対応策をとらなかった

c　経営陣は問題の発生をまったく知らなかった

という３つの場合を考えてみる。

6　業務執行に関する意思決定と業務執行の監督を行う取締役（会）と会社の業務執行にあたる幹部である経営陣では、ガバナンスにおける役割として共通する部分もあれば異なる部分もあるが、この項では便宜上、取締役（会）を含めて「経営陣」と記す。

経営陣の責任追及、とりわけ法的責任追及の場面であれば、一般的に、最初のほうが責任が認められやすく、後のほうが責任が認められにくい。そして、えてして、有能な人物であれば「きちんと注意を払えば問題の発生に気がつくことができたはずだ」「適切な対応策をとることができたはずだ」となり「任務懈怠《けたい》」とされやすいが、無能な人物であれば「そもそも問題の発生を理解できないし、対応策をとることもできない」ので「任務懈怠」とはなりにくい。

しかし、ガバナンスを有効に機能させることができていないという観点からは、a～cに差はなく、無能な人物が経営陣におさまっているのであれば、そのこと自体が最大のガバナンスの欠陥といえよう。

ここでちょっと、頭の体操をしてみる。読者は、以下のA社、B社どちらの経営陣のほうが、ガバナンスの向上のために自らの役割を果たしていると考えるだろうか。

　それぞれ10件の問題点を抱えたA社とB社がある。問題点はいずれも、現段階では重大な事件・損失に結びつく状況とはなっていないが、放置した場合、より深刻な段階に至る可能性がある。

A社：２件については経営陣に報告され２件とも解決ずみ、４件については担当部署で対応策を検討中だが経営陣には報告されていない、４件については担当部署でも気がついていない（あるいはもみ消されている)。

B社：10件とも経営陣は承知しており、担当部署が中心となって対応策を検討中だが、いずれも未解決である。

少なくとも把握している問題点については完璧に解決しているA社の経営陣のほうが、10件の問題を知りながら適切な対応策をとることができないでいるB社の経営陣よりも、高く評価できるだろうか？

いや、とてもそうとはいえない。A社は、8件の問題点を抱えているにもかかわらず経営陣は問題点はすべて解決ずみであると思っているので経営判断を誤るおそれがある。また、うち4件については担当部署も存在すら気づいていないので、放置されいずれ大きな問題へと悪化するかもしれない。一方、B社の経営陣は10件の問題点の存在を把握しているので経営判断にあたっても問題の深刻化や顕在化につながらないよう配慮することもできるし、10件とも問題が急に深刻化することがないように監視もできるし、いずれ解決もされよう。

B社の10件の問題点が、「対応策を検討中」という名目のもと放置されているというのではないとすれば、A社の抱えるガバナンスの機能不全のほうがより深刻にみえる。A社の経営陣によるガバナンスの構築の取組みは相当不十分なものである可能性が高いのではないだろうか。

(2) 川下から川上へ

経営陣がその役割を果たしているかどうか、「あれをやっているか、これをやっているか」とチェックしたところで、それらが実効性あるものとして機能しているかはわからない。

第２章で取り上げた例で、ワシントン・ミューチュアルの取締役会は「高リスク貸出戦略」を決定するにあたり経営陣から信用リスク管理の強化に関する方針の説明も受けているから十分な役割を果たしたといえるだろうか（38ページ参照）。あるいは、UBSのグローバル執行取締役会は、投資銀行部門の成長戦略について、新規業務の特性をふまえた注意深い分析や厳格なコントロールの必要性等の指摘・指示を行っていたので十分な役割を果たしたといえるだろうか（48ページ参照）。

答えは、否定的だろう。現実には、ワシントン・ミューチュアルでは信用リスク管理の強化どころか逆にリスク管理部門の格下げを行い、UBSでは、CDOも一般の社債と同様のリスク管理の枠組みで扱われた。どちらの場合も、取締役会がやったことは、何の具体的施策もフォローアップも伴わない作文にすぎなかった。

言葉は悪いが、「任務懈怠の責任を問われないためのアリバイづくり」として、美しい見た目をつくることはいくらでもできる。重要なのは、現実に起きている問題を通して、あるいは、それを起点に、経営陣が実際にどのような役割を果たしているかを考えることである。「川下から川上へ」とは、結果（アウトカム）重視と言い換えることもできるのである。

金融検査事例集から例をあげてみよう。

(規模・特性等)

・　主要行等及び外国銀行支店

【検査結果】

・　当行は、住宅ローンに関する管理委員会を設け、同委員会において、住宅ローンに対する信用リスク管理体制の問題点などを協議する態勢を構築している。

また、住宅ローンのミドル部門から同委員会に対しては、生涯収益という視点での採算性等やスプレッド縮小によるネット利益率の低下、信用リスクに応じたプライシングの必要性等が報告されている。

こうした中、住宅ローンのフロント部門は、リスクプライシングを導入し、経営会議においては、住宅ローンの既存・新規顧客に対するコンサルティング型営業の推進などについて報告・議論を行っている。

また、経営陣は、現中期経営計画において、住宅ローン事業の長期的な収益性低下に対する危機意識を有し、住宅ローン管理の高度化に取り組んでいる。

しかしながら、経営陣は、住宅ローンの信用リスクは低く、短期的には収益に対する影響は大きくないとの認識から、ミドル部門が牽制機能を発揮できる態勢を十分に整備していない。このため、以下のような問題点が認められる。

・　ミドル部門が実施している生涯収益シミュレーションにおいて、その前提とされているパラメーター（デフォルト率、プリペイメント、経費など）については、フロント部門と考え方が相違しており、両部門間における管理の枠組みの整合的な整理や合意形成は不十分なものとなっている。

・　フロント部門は、審査モデルにおいて算出された「顧客の将来損失発生見込み率」が「住宅ローン採算ライン」を超えない場合に案件を承認することとしており、その住宅ローン採算ラインは毎期見直すこととしている。また、フロント部門は、同見込み率が住宅ローン採算ラインを超える先に対してリスクプライシングを導入して承認することとし、顧客属性と業者ランクに基づくマトリクスにより金利優遇幅に差をつける改定を行っている。
　しかしながら、ミドル部門は、住宅ローン採算ライン及びリスクプライシングを同見込み率等に基づき合理的に検証していないことから、リスクに応じた金利設定を行うための枠組みは有効に機能していない。

・　同委員会等は、短期間の指標では生涯を通じた採算性を捉えることができないという、住宅ローン特有のリスク特性に応じた管理指標を新たに検討するなどの対応を行っていない。

（金融庁「金融検査結果事例集」2011年７月、10～11頁）

住宅ローン事業に関するリスク管理体制が十分に機能していないというものである。

検査結果から察するに、この銀行は、「住宅ローンに関する管理委員会」を設け、フロント部門とは別に「ミドル部門」を設けてシミュレーションによる分析等を行い、中期経営計画において、「住宅ローン事業の長期的な収益性低下に対する危機意識を有し、住宅ローン管理の高度化に取り組んで」いる。同じ時期に、住宅ローンに関する検査事例として金融検査事例集で取り上げられている他の銀行等に比べて、格段に整備された体制をとっていることがうかがわれる。経営陣の間でも、たびたび、住宅ローンの管理に関する議論が行われていたことであろう。経営陣が何をやっていたかのみをみると十分のようにみえてくる。

しかし、現実には、せっかくミドル部門が設けられているにもかかわらず、これが独立したリスク分析を行いフロント部門における判断の合理性・客観性を確保するといった、本来期待されているであろう機能を十分に果たしていなかった。「長期的な収益性低下に対する危機意識」という言葉は、「長期的」という部分がみそのようだ。実際の経営陣の姿勢は

「危機意識」というより「短期的には収益に与える影響は大きくない」ことを示す「長期的」からくる切迫感のなさのほうであり、ミドル部門が実際の業務運営に役立つようにするというところまでは十分な注意を払っていなかったということだろう。

別の事例をあげてみよう。これは、ある損害保険会社に対する金融庁による行政処分の記者発表からの抜粋である。

> ⑶　受託業務である生命保険の募集管理態勢
>
> 生命保険会社から受託している生命保険の募集事務について、法令違反となることを知りつつ社員自らが保険料の負担等を行っている事例が多数（社員280名、431契約）認められる（保険業法第300条第１項第５号等に違反）。
>
> このような法令違反が発生した要因としては、営業推進担当役員及び担当部が、代理店等の実際の販売力と乖離した過大な目標額を設定し、例えば社長自らが部支店長に対して目標達成のための取組み強化を強く促すメールを送信することにより、営業現場に対して強いプレッシャーを与えるなど、当社の業務運営が営業偏重となっていることによるものと認められる。
>
> （以下略）

ここでは、現実に発生した問題は社員による法令違反行為の続出であるが、それを起点に、法令違反行為を防ぐための対策が十分とられていたかという観点ではなく、組織の風土の醸成という観点から経営陣の役割を論じている。

第４章でも触れたように、組織の風土・気風、カルチャーの醸成にあたって、経営陣とりわけトップの果たす役割は大きい。しかしこれは、表面に現れたトップの発言や社内制度からは、なかなか判断できない。現実にゆがみとなって現れたときに、早い段階で修正をする——「ひやりはっと」の精神が重要となるところである。

コラム

「改訂金融検査マニュアル —— その考え方」より抜粋

以下、2007年に実施された金融検査マニュアル（「預金等受入金融機関に係る検査マニュアル」）の改訂の考え方の解説として、2008年に筆者が執筆したものより、本章で取り上げているダイナミックなプロセスとしてのガバナンス、PDCAサイクル、経営陣の役割について主として触れている部分を、抜粋、引用する。

＊　＊　＊

第１章（略）

第2章　共通フォーマット

第1節　各態勢共通の基本形

従来の金融検査マニュアルの各リスク管理態勢等を比較すると、相互に書きぶりが違う部分が相当あった。もちろん、意味するところが違うのであれば書きぶりが違うのは当然であるが、実際には、本来同じような内容を意図しているはずでありながら書き方にバラツキがあるということもみられた。そこで、もう少し各態勢の記述を共通化する必要があるということから、各態勢共通の基本形、いわゆる「共通フォーマット」をつくった。

共通フォーマットは大きく3段階の構成になっており、その第一に「経営陣による管理態勢の整備・確立状況」、そして第二に「管理者による管理態勢の整備・確立状況」を掲げている。「管理者による管理態勢の整備・確立状況」のなかには管理者自身のなすべきことのほかに、管理部門としてなすべきことも含まれている。そして、第三は第一、二にはまらないような「個別の問題点」である（図表3）。

第2節　経営陣の役割・責任

共通フォーマットにより特に明確化を図ったのが経営陣の役割・責任である。「経営陣による管理態勢の整備・確立状況」部分は、まず「方針の策定」はPlanのP、「内部規程・組織体制の整備」は実際につくった方針を実行してい

図表３　共通フォーマット

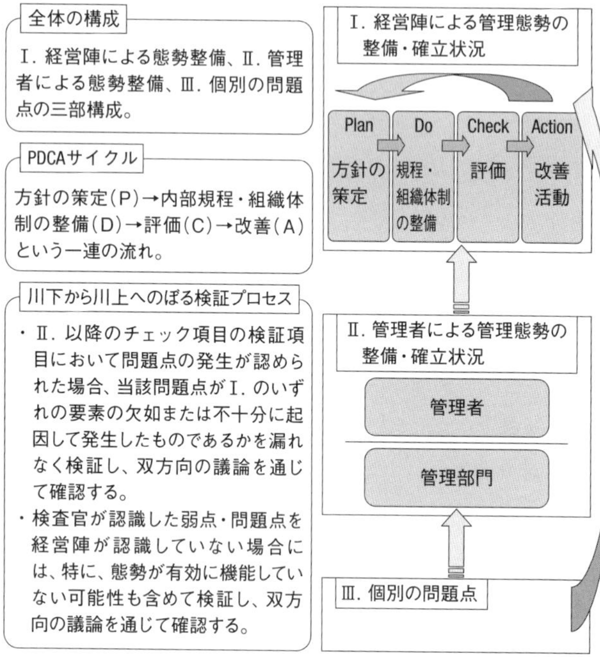
全体の構成
Ⅰ. 経営陣による態勢整備、Ⅱ. 管理者による態勢整備、Ⅲ. 個別の問題点の三部構成。
PDCAサイクル
方針の策定（P）→内部規程・組織体制の整備（D）→評価（C）→改善（A）という一連の流れ。
川下から川上へのぼる検証プロセス
・Ⅱ. 以降のチェック項目の検証項目において問題点の発生が認められた場合、当該問題点がⅠ. のいずれの要素の欠如または不十分に起因して発生したものであるかを漏れなく検証し、双方向の議論を通じて確認する。
・検査官が認識した弱点・問題点を経営陣が認識していない場合には、特に、態勢が有効に機能していない可能性も含めて検証し、双方向の議論を通じて確認する。
Ⅰ. 経営陣による管理態勢の整備・確立状況
Plan
方針の策定
Do
規程・組織体制の整備
Check
評価
Action
改善活動
Ⅱ. 管理者による管理態勢の整備・確立状況
管理者
管理部門
Ⅲ. 個別の問題点

くプロセスということでDoのD、「評価・改善態勢の整備」でCheck、ActionのC・Aという、いわゆる「PDCAサイクル」の流れになっている（図表３）。

従来の金融検査マニュアルでもP・D、すなわち「方針の策定」「内部規程・組織体制の整備」に当たる内容については比較的はっきりと書かれていた。それに対して、C・Aすなわち「評価・改善態勢の整備」に当たる内容については記述が漏れていたり、たとえば文章のなかのどこかに

「見直し」という言葉が入っている程度だったりという場合が多かった。

金融検査マニュアルが平成11年に策定された時点では、管理方針や管理規程あるいは管理のための組織が確立していない、言い換えればＰ・Ｄのところもできていないという金融機関も多かったと思われる。そこで、金融検査マニュアルを一つのきっかけとして、時には一つのテキストにして態勢整備を図ることは、大切なステップであった。

もし、ここで止まってしまうと管理態勢はいわば「静的」なものである。しかし、内部管理について最初から完璧なものをつくるということはそもそも困難な話であるし、仮に一時は完璧なものがつくれたとしても、次の瞬間には状況が変わっているかもしれない。したがって、物事は完璧ではないという前提に立って、問題の萌芽の段階で、その端緒を察知し、修正する、そんな「動的なプロセス」としての管理態勢が問われてくる。

Ｃ・Ａ（評価・改善）が重要ということは、世間一般で問題が発生したとき、幹部が「そんな事態になっているとは知りませんでした」とか、あるいは「事実は知っていたのだけれども、そんな重要な問題だという認識に欠けておりました」と弁明しているのが定番の姿になっていることにも現れている。「知らないでは済まされない」という点をはっきりさせていくことが、金融検査マニュアルを改訂するうえで重要なポイントとなっている。

そこで重視しているのが、現場の情報をしっかりと経営陣のもとに集約する態勢となっているかである。「2．内部規程・組織体制の整備」のなかで、まず、「取締役会等への報告・承認態勢の整備」として業務上のレポーティング・ラインを通じ、情報が的確に取締役会や幹部に届くようになっているかということを記述し、続いて、監査役への報告態勢、内部監査態勢といったことを集中的に記述している。

こうした共通フォーマットの構成は、評定制度とも一致している。たとえば、評定制度の評定段階にはA・B・C・Dのうち、Bは「十分な管理態勢が経営陣により構築」ということで、「軽微な弱点はあるものの、金融機関としての業務の適切性等に重大な影響を及ぼすものではなく、既に自主的に対応がなされている、または、今後なされることが期待できる」ことになっており、PDCAのC・A（評価・改善）の部分がうまく機能していれば自ずとBになる。また評定における留意点では、評価・改善の部分がうまく機能している場合は、評定上のプラス要素として勘案するものとしている。

ところで規模・特性のところでも述べたが、金融検査マニュアルのなかでは各金融機関が何をすべきかあまり具体的なあるいは決定的な書き方はしていないことが多い。各金融機関が何をなすべきかという答えが金融検査マニュアルに書いてあるのではなく、答えは、金融機関それぞれの業務の現場のなかに、あるいは顧客保護等ということであればお客さまのなかにあり、経営陣がいかに現場から答えを探す努力をしているか、いかにそういう感受性を磨いているか、改訂金融検査マニュアルは、PDCAサイクルを通じ、そうしたあたりを検証・評価することを目指している。

第3節　川下から川上へ

金融機関の意思決定・業務のプロセスは、経営陣が方針や規程を決め、組織をつくり、それを管理者や管理部門で実行していくという「上から下へ」の流れになる。検査のプロセスは「上から下」もあるものの、共通フォーマットでは「川下から川上へ」という考え方を強調している。

各態勢の「検証ポイント」では、「Ⅱ．以降の各チェック項目の検証において問題点の発生が認められた場合、当該問題点がⅠ．のいずれの要素の欠如又は不十分に起因して発生したものであるかを漏れなく検証し、双方向の議論を通じて確認する」、要は管理者や個別の問題点の部分で何か問題があったときに、それは経営陣にどういう問題があったからなのかということを漏れなく検証をするとしている。チェックリストを読むと、同じような内容が経営陣の部分と管理者（管理部門）の部分との双方で記述されていて、

「しつこい」と感ずることもあると思う。これは、それぞれのレベル内の記述を筋の通ったものとするためであると同時に、一つの問題点についてそれぞれのレベルにおいて何が欠如していたかを、「管理部門としては……、管理者としては……、経営陣としては……」と、順を追ってさかのぼりやすくしているためでもある。検査において経営陣の役割・責任を検証するというと、「経営陣の認識・関与が十分か、不十分か」といった漠然としたレベルの議論に傾斜してしまうこともあるが、この検証ポイントはより具体的に何が欠けていたのかといった問題点をとらえた議論が活発に行われるよう意図しているものである。

続いて、「検査官が認識した弱点・問題点を経営陣が認識していない場合には、特に、態勢が有効に機能していない可能性も含めて検証し、双方向の議論を通じて確認する」としている。検査官が業務の状況をみて、「ここが問題」、あるいは問題とまではいかないが「ここが弱みだな」と思った点について経営陣も認識していて、今後注意していかなければならないと思っているということであれば、それなりに管理態勢が機能している可能性が大きい。一方、検査官が「ここは問題だ、弱みだ」と思ったことについて経営陣が問題として認識していないということになれば、自律的な評価・改善は期待できず、態勢がうまく機能していないことが大きく懸念されるので、注意深く検証していく必要がある。

このような検証を行おうとすると、経営陣と検査官との議論の位置づけも変わってくる。従来、経営陣と検査官との面談というと、検査も相当進んだところで、それまで担当レベルで積み上げてきた内容について議論するという部分のウェイトが大きかった。しかしながら、共通フォーマットを活かして経営陣の役割・責任を検証するためには、検査の早い段階で、経営陣から当該金融機関の戦略目標やその達成に向けた現状評価、課題への取組みといった内容について、深度あるヒアリングを行うことが重要となる。そのヒアリング結果と実際に検査の過程で把握された問題事象や弱点とを対照・分析したうえで、さらに、経営陣のどこが弱かったのかについて議論検証を深めていくこととなる。

ところで先ほど「プロセス・チェックの原則」について記述したが、これについては、時折「実状と関係なく管理規程の文言や組織の形式のみをみて時に揚げ足取りのような指摘をするもの」という誤解がなされていることがある。「PDCAサイクル」や「川下から川上へ」といった考え方は、チェックリストのなかの一つひとつの事項が、全体のなかでどのように位置づけられるか、互いにどのように関連づけられるかを明確にすることにより、当該金融機関の管理態勢が全体として実効的に機能しているかを検証するという「プロセス・チェック」本来の姿を明確にすることも意図している。

第3章　各　　論

（中略）

第4節　各リスク管理態勢

1．規模・特性、リスク・プロファイルに見合ったリスク管理態勢

各リスク管理態勢に共通して、検証ポイントのなかで「リスク管理態勢については、金融機関の業務の健全性及び適切性の確保のため、戦略目標、業務の規模・特性及びリスク・プロファイルを踏まえ、その必要性を自らが認識し、自発的な取組によって整備すべきである」、検査に当たっては「金融機関の戦略目標、業務の規模・特性及びリスク・プロファイルに加え、金融機関が採用しているリスク評価方法の複雑さ及び高度化の水準に見合った適切な」「態勢が整備されているかを検証することが重要」、さらに「複雑又は高度なリスク評価方法が、全ての金融機関にとって適切な方法であるとは限らない」と記述している。

このように、改訂金融検査マニュアルでは、各金融機関の経営陣が主体的に規模・特性等に見合ったリスク管理態勢を構築することを強調しているが、「要は何をすれば十分と判断されるのか。自らの業務に見合ったといってもなか

なか具体的なイメージがわかない」との声もある。しかし、金融機関の経営陣が自らの戦略や業務にあわせリスク管理として何をすればよいかと悩み、決定する（＝管理すべきリスクを特定し、その管理方針を決める）こと自体がリスク管理の一部であり、これについて金融検査マニュアルで「こうすればよい」と示すという性格の話ではない。金融機関がリスク管理の高度化に取り組む際、高度な計測手法の導入を焦り、戦略目標とリスク管理方針との整合性、リスクの所在や特性といったリスク管理の前提となる部分を経営陣自身が検討するプロセスがおろそかになってしまっては本末転倒である。時には「見識ある出遅れ」の勇気をもって、主体的にリスク管理態勢を構築することが望まれる。

さまざまあるリスク管理手法や計測手法はどれも完璧というものではなく、使い手自身が自分の利用している手法の弱点や限界をよく承知したうえでうまく使いこなさなければならない。だからこそ、先に述べたPDCAサイクルをうまく機能させる必要がある。特に、PDCAサイクルのC・Aが機能、すなわち常日頃から既存のリスク管理の規程や組織がうまく機能しているかを自問自答し、必要ならば修正を加えることをしていれば、自然に「なぜいまの態勢がいまの自分の戦略にあっていると考えるか（あるいは何が足りないと考えるか）」が明らかになっているだろう。それをふまえ、検査においては、どういう戦略目標をもち、どのような業務展開を考え、そのためにどんなリスク管理態勢をつくっているか、それらに照らして検査官から指摘された問題点をどうとらえるか、担当レベルだけでなく経営陣のレベルでも議論を重ね、「双方向の議論」の本領が発揮されることが期待される。

（以下略）

（出典：金融財政事情研究会（編）『金融検査マニュアル便覧』2008年）

■おわりに

1．金融機関の規制・監督とガバナンス

当初、第5章の最後に「規制・監督とガバナンス」を取り上げようと考えていた。しかし、実際に書き始めてみると、どうにも感想めいた文章となってしまうことから、本文のなかで取り上げることは断念し、「おわりに」で触れることとする。

第一の問いは、金融機関の規制・監督は、金融機関のガバナンスが十分に機能していることを前提とし、これに依存することができるのだろうか、である。

金融機関の経営者は、ビジネスの中身をいちばんよく承知し、また、これを向上させることに最も強い動機をもっているのだから、規制・監督の介入はせずに経営者に委ねておけばよい——2000年代半ば、米国アラン・グリーンスパンFRB議長や、「light-touchの規制・監督」を強調した英国の政治家たちはこの考え方に立っていた。そして、世界金融危機によって、それは幻想だったことを認めることとなる。

では第二に、金融機関のガバナンスが機能しないなかで、金融機関の規制・監督はできるのであろうか。

これも、答えは否定的である。どんな規制を入れたところで、金融機関が自分で自分をコントロールできていなければ、規制に応じた行動をとれないのだからザル、絵にかいた餅で

ある。

バーゼルⅡは、第二の柱において、銀行が自ら、経営判断の失敗や経済情勢の変化も織り込みながら、状況が悪化しても最低所要自己資本比率を維持し続けることができるような余裕のあるレベルに資本をコントロールすることを前提としていた。しかし、現実にはこれは機能しなかった。

そこで、バーゼルⅢでは、最低所要自己資本に上乗せして強制的に資本バッファーを積増しさせることとしているわけだが、こうすることにより、銀行による自己資本比率の維持・コントロールの不足を代替することができるのだろうか。損失が発生し資本の維持・保全に意を払わなければならないときに、ボーナスや配当を気前よく払って内部留保を社外流出させるような行為に対して、一定の効果はあるだろう。しかし、自分で自分のビジネスをコントロールできず、いつどんな大損失を出してもおかしくないような銀行には、いくら厳しい自己資本比率規制があっても意味をなさない。

それならば、規制・監督はガバナンスを向上させられるのだろうかが、第三の問いである。

金融機関のガバナンスが機能しないことには、何をやってもザルとなってしまうのであるから、規制・監督としてはこの部分に力を入れる。本書のなかでも、多くの監督当局による取組みに触れている。

2012年11月にFSB（Financial Stability Board）がG20の財務

大臣・中央銀行総裁に提出したプログレスレポートにおいても、「自己規律とlight-touchの監督は明確に否定された。監督当局は復元力ある金融システムを確保するための方法を再検討しているところである」としたうえで、監督を強化すべき主な事項としてガバナンス関連事項を多く指摘している。

取組みの一環としてガイダンスの類もつくられている。しかし、本文で述べているようにこれらを○×チェックのような感覚であてはめても意味はない。ガイダンスは、過去の教訓から現在の課題に想像力を働かせるためのヒントとして、また、定型化できる部分を可視化することによってより実質的な検討に注力できるようにするためのツールとして、利用されるべきものである。ガバナンスが向上しているか否かは、「ガイダンスの遵守・達成状況」ではなくあくまで「実際にどう機能しているか」の観点からみるべきであろう。

以下のような記述からは、こうした観点からのアプローチを行う姿勢がうかがわれる。

> 「PRA（注：英国の新設金融監督機関）が評価を行うにあたっては、特定のリスクカルチャーを念頭におくものではなく、金融機関が規制上の観点から期待される結果（outcome）を達成しているかに着目する。しかし、取締役会には、規制上の観点からの結果を向上させるために、会社のカルチャーを見直し必要に応じこれを変えていくことを期待する」（“The Bank of Eng-

land, Prudential Regulation Authority Our approach to banking supervision" 2011年5月）

「……、問題点についての事前の認識（例：経営陣は（内部監査等により）判明した事実に驚いたのか）等の方法を組み合わせることは金融機関のリスクカルチャーの評価の助けとなる」（上記2012年11月FSBプログレスレポート）

「定められたリスクアペタイトの遵守が必須であることをビジネス部門は理解するべきである。しかし、カルチャーは、絶えず、リスクは認知されているか、リスク限度は今なお適当なものといえるか等を問い続けるものである必要がある」（同上）

一方で、FSBが2013年2月に発表したリスクガバナンスに関するピアレビューレポートでは、どういう仕組みをつくっているかの○×チェックに偏っているきらいがある。先に引用した2012年11月のFSBプログレスレポートでは、金融危機以前における監督手法が、金融機関のリスクやコントロールを重視した結果、実際の収益の流れについての分析をおろそかにするものとなっていたという反省に立ち、「フォロー・ザ・マネー」――監督当局が実際の収益などを分析しビジネス・モデルを理解すること――を充実させることが重要であることにも触れている。もし、ピアレビューにうかがわれるように、リスクガバナンスの仕組みだけを取り出して○×チェック的なアプローチをするのであれば、同じ過ちを繰り返すこととなるであろう。監督当局が、「フォロー・ザ・マネー」の分析をふまえて、金融機関で実際に起きている事象やとっている対応を評価し議論することを通じて、はじめてリスクガバナンスが機能しているのか評価できる。

しかし、このような取組みは、ある程度ガバナンスが機能している金融機関のガバナンスの向上を図るないし劣化を防ぐ方策としては有効であるものの、最も改善が必要な金融機関に対してはなかなか有効には働かないおそれがある。ワシントン・ミューチュアルの例にもみられるように、改善姿勢のない金融機関に改善を迫るには、より具体的で明確な基準が必要となる（40ページ参照）。しかし、そのような基準が次々と変化する市場・多様化する業務という現実に追いつくかは、はなはだ疑問であるし、またコンプライアンス化はガバナンスの向上につながらないため、本質的な問題の解決にはならない。

RBSをめぐって、金融機関のガバナンスが欠如している場合の問題の大きさと改善の困難性に直面した英国は、金融機関の取締役をはじめ重要ポストにつく人物について、監督当局による適性審査を強化し、面接による能力審査も行うというアプローチをとり始めている。金融機関のガバナンスを確保するための規制・監督ということをつきつめていけばこうなるのだろう。ただし、これがどの程度有効なものかはこれからの話である。

結局のところ、金融機関のガバナンスが機能していなければ規制・監督はザルと化し、一方、規制・監督によってガバナンスを機能させようとしても本当に問題を抱えている部分にはなかなか届かないという現実が存在している。

金融機関は自分で自分を規律できる、あるいは市場が規律するという言い方は、当局が、この不都合な現実から目をそむけることを可能とさせてくれていた。日本の不良債権問題も含めこれまで世界各国で発生した問題は、「自由化の過渡期であったから市場規律・自己規律が十分機能しなかった」といった説明ができた。しかしもはやこうした言い訳はできなくなった。規制・監督は金融機関のガバナンスの不全をどう覚悟できるかという課題に直面しているのではないだろうか。

「金融機関は自らの利益のために的確に経営を管理するので、市場規律に委ねることが金融サービスの効率的な提供・金融システムの安定のために最も良い」という前提に立って、金融の自由化の流れがあり、またさまざまな新商品の開発や金融の複雑化もポジティブに受け止められてきた（少なくともネガティブなものとはされなかった）。しかし、前提である「金融機関は自らの利益のために的確に経営を管理するので」に狂いが生じた。金融規制のPDCAのＰの部分の前提が誤りであることがわかったのだから、Ｄのレベルの規制改革ではなく、Ｐのレベルの見直しが必要なのである。

欧米におけるボルカー・ルールやリング・フェンスのように業務を制約する議論、あるいは金融機関の組織形態や規模を制約する議論は、「行き過ぎた規制緩和の振り子を戻す」というより、こう考えたほうがしっくりとくるところである。

2．おわりに

本書で「ガバナンス」としてとらえている範囲は、本文中でも触れた内部統制、コーポレート・ガバナンス、コンプライアンス、また、本文では触れていないが意思決定論・組織論といった分野で取り上げられている内容と重なる部分が大きい。また、「経営者」「(内部・外部) 監査人」「リスク管理部門」などの特定の役割を担う立場の観点から論じられることも多い。

異なる体系のなかで、あるいは異なる立場からの議論には、時には「使われている表現や根拠のつけ方は一見まったく異なるが、いわんとしていることは同じではないか」と感じることがある。また時には逆に、「同じような用語を使っているが実はまったく違うことを論じているのではないか」と感じることもある。本書では、さまざまな体系・立場の議論を意識し参考としつつも、そうした議論からは一歩離れて「ガバナンス」を考えてみた。

この手の議論をしていると、えてして、「何のかんのいっても、要は人間だよね」といいたくなるものである。しかし落ち着いて考えてみると、これはおかしな言い方である。組織を構成しているのが機械の部品であれば、そもそもこのような議論は必要ない。人間が組織を構成しているからこそむずかしい。ここで「何のかんのいっても、要は人間だよね」といってしまうことは、あたかも、防寒具について検討しているときに、「何のかんのいっても、要は天候だよね」というようなものである。

本書のなかで取り上げた事案やガイダンスは過去20年あまりにさかのぼるが、こうしてみてあらためて「進歩していないなあ」と感じる。本書の執筆にあたり、ベアリングズの破綻に関するイングランド銀行の報告書を十数年ぶりに読んでみたが、最近の事案とも相通ずる点が実に多い。そして、技術の進歩によって「うまくいけばできるはずのこと」が広がれば広がるほど失敗は目立ちやすく、深刻化しやすくなっているのかもしれない。

機械でなく人間を相手としているのだから、そう簡単に解決策が見つからないのは、当然といえば当然のことであろう。「はじめに」では、失敗事例についての分析は多いが成功事例についての分析はなかなかないので失敗を中心にガバナンスを語ると記した。しかし、結局のところガバナンスとは、いかに上手に失敗するか――なるべく小さな傷で大きな教訓を得るか――につきる、失敗を通じてしか語れないものなのかもしれない。

本書の基礎となっている思考・知識は、筆者が指導をいただき、また、議論をともにした、数多くの、金融庁の上司・同僚、内外の関係者に大きく負っている。この場を借りて感謝の念を表したい。ただし、いうまでもなく、本書の内容の責任はその誤りを含めすべて筆者個人に属し、本書に示された見解はすべて筆者個人のものである。また、本書の出版にあたりお世話になった金融財政事情研究会出版部の加藤一浩部長、髙野雄樹氏にお礼を申し上げる。

2013年２月

天谷　知子

■著者略歴■

天谷　知子（あまや　ともこ）

東京大学公共政策大学院客員教授。

東京大学法学部卒。1986年大蔵省入省。銀行局課長補佐、欧州連合日本政府代表部一等書記官、金融監督庁長官官房課長補佐、金融庁総務企画局国際課企画官、監督局保険課審査室長、検査局総務課調査室長、監督局リスク分析参事官、証券取引等監視委員会事務局課徴金・開示検査課長等を経て、2011年7月より現職。

KINZAIバリュー叢書

金融機関のガバナンス

平成25年5月9日　第1刷発行

著　者　天　谷　知　子

発行者　倉　田　　　勲

印刷所　図書印刷株式会社

〒160-8520　東京都新宿区南元町19

発　行　所　**一般社団法人 金融財政事情研究会**

編 集 部　TEL 03(3355)2251　FAX 03(3357)7416

販　　売　**株式会社 き ん ざ い**

販売受付　TEL 03(3358)2891　FAX 03(3358)0037

URL http://www.kinzai.jp/

ISBN978-4-322-12310-4